I0137764

LA
QUESTION DU MAROC

1889

(C.)

CHARLES LAMARTINIÈRE

LA
QUESTION DU MAROC

(ce qu'elle a été, est et sera)

EXAMINÉE AU POINT DE VUE ESPAGNOL ET EUROPÉEN

PAR

SANTIAGO ALONSO VALDESPINO

PARIS

LIBRAIRIE LEDOYEN, PALAIS-ROYAL,

GALERIE D'ORLÉANS, 51,

ET CHEZ TOUS LES PRINCIPAUX LIBRAIRES DE PARIS ET DES
DÉPARTEMENTS.

1859

AVANT-PROPOS

L'Espagne est entrée, depuis plusieurs années, dans une voie nouvelle.

Aux luttes sanglantes de la guerre civile, aux bouleversements désastreux de l'esprit de faction a succédé une ère de fusion et de paix.

Les hommes d'État ont conservé leurs convictions, mais leurs partisans ont renoncé à les faire triompher par la violence. Il s'est établi, d'un concert unanime et bien remarquable, une sorte de trève qui sera, si Dieu en permet la durée, la fortune et la prospérité de ce beau et riche pays si cruellement éprouvé jusqu'à présent.

Il ne faut pas oublier, pour se rendre un compte exact du progrès que nous sommes heureux de signaler, que les révolutions, depuis longtemps déjà, ne sont plus des révolutions de principes, mais seulement des révolutions de coterie et des questions individuelles.

Vainqueurs et vaincus aiment l'Espagne, sa constitution monarchique, sa gloire nationale, son caractère chevaleresque, sa jeune reine, élevée à l'école du malheur, au milieu des troubles, de l'agitation, et qui doit à cette période de sa vie politique une expérience précoce de nature à consolider la sécurité du présent et à faire concevoir les plus hautes espérances pour l'avenir.

Un peuple n'est pas sérieusement en danger lorsqu'au milieu des manifestations désordonnées de ses passions politiques il conserve religieusement l'amour des institutions qui ont fait la grandeur et la force de son pays.

L'Espagne n'a pas cessé d'offrir ce spectacle au monde.

Avons-nous besoin de le prouver? Jetons un

rapide coup d'œil sur les changements qui se sont succédés avec tant de rapidité dans les conseils du gouvernement. Examinons le programme de tous les cabinets, depuis le plus libéral jusqu'au plus favorable aux doctrines absolutistes. Que voyons-nous dans ce mélange d'hommes de talent et de promesses séduisantes?

Rien, absolument rien, que des ambitions de partis, des vanités personnelles satisfaites par la conquête d'un portefeuille, et toutes également dévouées à la prospérité de la patrie et à la défense de l'honneur national.

Royalistes purs, constitutionnels, absolutistes, exaltés ou modérés, progressistes ou libéraux, cléricaux ou républicains, tous les hommes politiques de la Péninsule aiment leur pays avant d'aimer leurs doctrines. C'est ce qui a sauvé l'Espagne des fatales conséquences que pouvait avoir pour elle un état de guerre civile qui s'est prolongé pendant sept années. Toute autre nation eût succombé à une telle épreuve. La nation espagnole, elle, a décuplé la durée ordinaire des épreuves de ce genre sans que les bases ordinaires qui régissent son ordre social aient subi la moindre atteinte.

Dans un pays aussi heureusement doué, comment pouvait se développer le progrès en matière politique, commerciale, industrielle? En un mot, par quel symptôme devait s'annoncer la marche régulière et féconde de la civilisation?

Par l'appaisement subit des grandes passions de partis, par l'union des nuances les plus divisées, par cette sorte de sainte fraternité nationale que les utopistes rêvent dans les pays révolutionnaires, et que la seule force de l'opinion publique réalise tout naturellement en Espagne.

Les utopistes, en effet, prêchent dans le désert au milieu de populations remuées par des révolutions de principes. Mais leurs doctrines, dépouillées de toute exagération systématique, réduites à leur plus simple expression morale, deviennent, par la puissance de la volonté de tous, le programme rationnel de tous les hommes éclairés dans les pays dont les sentiments sont inébranlables, et dont les hommes d'Etat seuls se renouvellent.

Ainsi l'Espagne, mieux éclairée que jamais dans ses véritables intérêts sur le rôle qu'elle est appelée à jouer dans la civilisation moderne, et sur le poids qu'elle apportera dans la balance des destinées européennes le jour où elle aura abjuré loyalement ses haines et ses dissensions intestines, l'Espagne, disons-nous, commence à profiter de l'expérience qu'elle a si chèrement acquise.

En politique, nous la trouvons aujourd'hui animée d'un esprit de tolérance plein de noblesse et de désintéressement. Les hommes qui ont épuisé inutilement leurs talents et leur force à se combattre au grand détriment du bien public, s'unissent, s'entendent cordialement au moyen de sages concessions réciproques. Les factions s'éteignent en se fondant dans les nuances modérées.

Le pouvoir est exercé en commun par des notabilités empruntées aux rangs de tous ceux qui ont droit d'aspirer au fardeau des affaires publiques. Le Parlement, faisant preuve des sentiments patriotiques qui l'animent, a renoncé à la guerre aux personnalités pour donner toutes ses lumières à la réforme des abus, à la réorganisation générale du pouvoir politique et de l'administration provinciale. On peut résumer la situation actuelle au point de vue politique en peu de mots : l'Espagne s'est placée sous l'égide de la concorde.

Si nous quittons les régions gouvernementales pour examiner rapidement le mouvement de l'industrie et du commerce de la Péninsule, nous sommes obligé de constater de ce côté encore un immense progrès.

De toutes parts, des lignes de fer sillonnent les plaines et franchissent les montagnes; des canaux sont creusés pour rendre la vie à l'agriculture; des mines innombrables sont ouvertes, et, grâce au perfectionnement des moyens de transport, vont enrichir de leurs produits les centres les plus éloignés de leur exploitation.

Des télégraphes mettent les points les plus reculés du royaume en communication instantanée. Partout le peuple travaille, le commerce se développe, la navigation progresse. Les chantiers de construction se couvrent de navires, et l'on peut presque dire que nous sommes déjà à la veille de revoir l'Espagne prospère et calme au dedans, respectée et influente au dehors.

La guerre entreprise contre les populations barbares de la côte du Maroc ne servira pas médiocrement au réveil de l'esprit national en Espagne. Dès que les griefs du gouvernement ont été connus, l'opinion publique s'est nettement prononcée pour le châtiment exemplaire des *Riffeños*.

La nation tout entière a donné à la reine, à ses ministres, à l'Europe la mesure de ce qu'on peut attendre de son patriotisme.

Pour avoir longtemps sommeillé, l'esprit belliqueux des populations espagnoles ne s'est pas éteint. De tous côtés on a formé des bataillons de volontaires ; on a adressé au gouvernement des dons en nature, des contributions extraordinaires. Il y a entre les provinces une sorte d'émulation patriotique. En un mot, le mouvement a été national.

Que ne peut-on espérer d'un peuple qui a conscience à ce point de sa dignité et de sa gloire ? L'avenir est à lui, assurément, si ceux qui ont l'honneur de présider à ses destinées comprennent toute l'étendue de leur mandat, toute la responsabilité qui pèse sur eux.

Et, il est consolant de le signaler, c'est précisément au moment où l'Espagne a le bonheur de voir ses destinées confiées à des hommes d'Etat dignes de leurs missions que les événements du Maroc surgissent et viennent faciliter l'expansion générale du sentiment public.

Appuyés sur un tel concours, les ministres d'Isabelle II feront de grandes choses, nous n'en doutons pas. L'Europe, qui s'habituait à ne songer à l'Espagne que pour enregistrer dans ses annales des révolutions de palais, a maintenant les yeux fixés sur cette noble et héroïque nation. L'armée, confiée au commandement du comte de Lucéna, répondra glorieusement à l'attente du pays, dont les vœux et les sympathies l'accompagneront sur la terre africaine.

Nous n'en voulons pour garant, en dehors de l'excellent esprit qui l'anime, que sa remarquable organisation. Ceux qui n'ont pas visité récemment l'Espagne n'ont aucune idée exacte sur la force militaire de la Péninsule et sur les ressources considérables que son organisation actuelle offre au gouvernement.

Depuis plusieurs années l'armée espagnole est régénérée. Elle est digne de se mesurer avec les meilleures troupes, et, nous n'hésitons pas de le déclarer, nous qui avons pu la juger, son infanterie ne le cède à aucun corps d'élite européen, tant comme instruction militaire que comme discipline.

La campagne du Maroc aura l'avantage de mettre en relief la puissance guerrière de l'Espagne, puissance qui est due aux efforts persévérants des illustrations militaires de la Péninsule.

Avant de terminer cet avant-propos, nous devons remercier M. S. Al. Valdespino de nous avoir autorisé la traduction de son opuscule éminemment national.

Dès que le différend hispano-marocain a pris les proportions que tout le monde connaît, nous avons eu l'intention d'écrire quelques pages sur cette importante question qui intéresse autant l'Europe entière que la Péninsule. Nous nous mettions à l'œuvre lorsque la brochure de M. Valdespino paraissait à Madrid. Nous avons demandé l'autorisation de la traduire, convaincu que, quelle que soit la justesse de nos appréciations, elles seraient toujours au-dessous des inspirations patriotiques et raisonnées de l'écrivain espagnol.

CHARLES LAMARTINIÈRE,
Chevalier de l'Ordre royal d'Isabelle-la-Catholique.

PREMIÈRE PARTIE

———

LA QUESTION DU MAROC

———

CHAPITRE PREMIER

Est-ce une question nationale ? — Est-ce une question
européenne ?

Les événements marchent, et lorsque ces pages
seront livrées à l'appréciation du public, il est
probable que le gouvernement espagnol aura com-
mencé l'exécution de ses projets patriotiques à
l'égard de ces États connus sous le nom d'empire
du Maroc.

Notre but ne tend pas à rechercher quels sont
ces projets; encore moins désirons-nous exercer
une influence sur le cours de leurs succès. Les
questions d'une telle importance, examinées à la
hauteur qui leur convient, ne sont pas de celles
que soulève un conseil de ministres; elles naissent

2

de l'histoire, elles sont mises en relief par la civilisation, et elles appartiennent à la série des faits qui touchent à la géographie, au commerce et au droit des gens.

La question du Maroc n'est pas de celles qui ont le moins subi de transformations, mais elle a conservé jusqu'à présent son caractère primitif.

Sous le cardinal Cisneros, il s'agissait de faire prévaloir la nationalité et le fanatisme des Espagnols par opposition à la nationalité éteinte et au fanatisme abattu des Africains.

Les expéditions qui furent alors entreprises, parmi lesquelles la plus brillante et la plus caractéristique fut sans contredit celle que couronna la conquête d'Oran, n'étaient point réclamées par la sécurité du commerce espagnol à cette époque de prospérité ; l'ardeur belliqueuse, l'amour-propre national désireux de planter la bannière catholique au cœur de ces régions d'où se détachaient comme une nuée les vainqueurs du Guadalète (1), furent l'unique mobile des gouvernants de l'Espagne.

La dynastie autrichienne, personnifiée alors par Charles-Quint, étrangère aux mœurs, aux coutumes du pays, comme à tout sentiment espagnol,

(1) Rivière d'Andalousie.

ne put réaliser cet ardent désir de la nation qui
avait porté les armes pendant sept siècles pour con-
quérir son indépendance. Aussi, lorsque, poussée
par l'opinion publique, elle franchit cette barrière
de l'honneur, ce fut moins pour réaliser un plan
médité de longue main que pour obscurcir la gloire
de ses prédécesseurs : les Alphonse, les Jaime et
les Ferdinand.

De plus, dans la ligne de conduite que se propo-
sait l'ambitieux empereur par son traité avec les
autres nations de l'Europe, il lui devenait nécessaire de faire parade de ses sentiments catholiques,
et aucune occasion n'était plus favorable qu'une
expédition contre les sectaires de Mahomet. De là
les grands armements et l'appareil guerrier qui
présidèrent, sous ses auspices, aux attaques contre
Tunis et Alger.

L'Espagne n'obtint qu'un résultat éphémère de
ces deux expéditions : la première ne fit que satis-
faire son amour-propre en rendant tributaires
quelques beys de la régence; la seconde lui fit
éprouver un épouvantable désastre, qui fut sup-
porté avec autant de courage que provoqué par
une opiniâtre vanité. L'une et l'autre eurent lieu
sans enthousiasme, sans plan, sans objet déter-

miné; elle furent comme une parenthèse dans la vie aventureuse du roi-César.

Les conséquences de cet échec furent plus grandes que la destruction d'un nombre considérable de forts navires, de matériel d'artillerie, de cavalerie, et la perte d'un trop grand nombre de vaillants soldats : la cupidité et l'orgueil des Africains s'en accrurent, et la piraterie s'étendit sur le commerce et la marine des rois de Castille.

Dès ce moment, la question africaine entra dans une nouvelle période de sa séculaire existence.

Ferdinand le Catholique, comme Espagnol, jaloux de la prospérité de sa patrie, avait résolu d'étendre son empire en adjoignant à la monarchie des provinces africaines. Ses expéditions n'avaient pas d'autre but.

Le cardinal Cisneros, exalté et intolérant, considérait comme un outrage pour les avant-postes de l'Espagne la présence des Sarrazins maudits, et s'il désirait ardemment leur faire la guerre, c'était la guerre sans trêve ni merci, amenant leur conversion ou leur destruction complète.

Ces deux projets, que nous nous abstenons de qualifier, naissant d'une inspiration patriotique, étaient compris et approuvés par la nation entière.

Aucun Espagnol ne se lassait de désirer la conquête de l'Afrique comme la comprenait Ferdinand le Catholique, et aucun chrétien de cette époque ne mettait en doute la nécessité d'employer le fer et le feu pour vaincre les infidèles, comme le faisait l'ascétique franciscain.

Malheureusement ces deux projets n'eurent point de continuateurs.

Les expéditions de Charles-Quint, plus militaires que patriotiques, affaiblirent l'Espagne en lui enlevant, par leurs insuccès, le prestige obtenu par ses armes en Afrique ; aussi plus tard eut-elle beaucoup à faire pour se défendre médiocrement des attaques des pirates qui enrichissaient les trésors des pachas avec ses dépouilles et celles des autres nations de l'Europe.

Plusieurs fois l'Espagne porta ses armes contre les Maures, mais sans obtenir d'autre résultat que celui de rétablir sa réputation compromise. Les mêmes pirates qui se retiraient à force de voiles devant les galères castillanes, ne tardaient pas à revenir à la charge en pillant quelques bateaux égarés, ou bien en surprenant les populations de la côte sans défense.

La protection manquant au commerce, la misère s'étendit sur ses provinces maritimes, tandis que les rapines des Maures enrichissaient immensément les populations des côtes d'Afrique.

Ces faits déplorables s'accomplissaient au moment même où, aidé du concours des autres nations, don Juan d'Autriche abattait la puissance maritime des Turcs à la fameuse journée de Lépante.

Aux yeux de la chrétienté, l'Afrique apparut comme un pays dont la conquête devenait impossible, et toutes les nations se résignèrent à tirer le meilleur parti possible des faiblesses des despotes qui commandaient dans chaque juridiction, sans qu'aucune d'elles ait eu la pensée exclusivement nationale qui dirigeait les Espagnols. Si ceux-ci, placés si près de leurs ennemis, ne pouvaient parvenir à les vaincre, comment auraient pu le faire les autres peuples plus éloignés?

A plusieurs reprises, de ruineuses expéditions furent entreprises sur le continent africain, odieux à l'Espagne; mais le succès ne répondit jamais aux espérances conçues, et plus d'une fois elles furent désastreuses pour la bannière catholique.

La question d'Afrique, d'où naquit celle du Maroc comme un simple épisode, pèse sur la réputation politique et militaire de l'Espagne depuis le quinzième siècle.

Pour leur plus grande garantie, les rois de Cas-

tille avaient dans leurs mains les ressources maritimes de l'Italie. De garnison en garnison, de rocher en rocher, d'île en île, aucune communication n'était interrompue : l'Espagne était toute-puis-
sante dans la Méditerranée. Comment se fait-il donc
que cette importante question, dont la solution eût
amené la sécurité de la navigation, n'a pu être
résolue depuis tant de siècles par la monarchie
espagnole ?

Le fait est positif : il y a trois cents ans que l'Espagne se trouve placée dans l'obligation absolue,
dans le propre intérêt et l'honneur de la civilisation européenne, d'assurer la navigation de la Méditerranée, et, à sa honte, il est permis de douter
qu'elle ait compris l'importance de la question.

Il est encore permis de douter, et nous avons le
droit de le rappeler dans ces pages, si, comprenant
leurs devoirs comme peuple civilisé, la nation et
le gouvernement sauront se maintenir aujourd'hui
à la hauteur de leur position.

Au point de vue géographique, peu nous importe que l'Espagne ait, oui ou non, compris ses
devoirs.

En premier lieu, la question du Maroc est résolue au point de vue du droit public européen; les
faits accomplis la justifient ensuite.

Après les guerres du premier empire, le congrès de Vienne chargea l'Angleterre d'obtenir l'émancipation des captifs chrétiens en Afrique, et l'abolition de la piraterie.

L'Angleterre réclama et obtint effectivement par la force des armes la liberté des captifs ; mais la mer fut, comme par le passé, sillonnée de corsaires.

Si le gouvernement anglais eût persisté dans son entreprise, il ne se fût point déclaré satisfait jusqu'au moment où il eût soumis complétement le pays à la civilisation. Ce gouvernement n'aurait-il pas bien mérité de l'Europe entière?

Plus tard, cette tâche fut accomplie par la France, sans que personne l'en eût chargée : l'accusera-t-on d'avoir pris l'iniative? Quelle nation a osé mettre une limite aux victoires de ses soldats?

C'est que la guerre contre un peuple de pirates qui se séparent, sous un prétexte religieux, de la *communion des gens civilisés et de toute société honorable*, est de droit naturel comme le droit de légitime défense ; et, dans ce cas, lorsque le triomphe couronne les efforts d'une nation civilisée, ce n'est plus la guerre, ce n'est plus la conquête, c'est le triomphe de la civilisation.

Les succès des armes françaises en Afrique sont

humiliants pour l'Espagne : humiliants parce que tout le monde connaît l'ignorance et le népotisme espagnol. Mais, est-ce la faute des Français si l'Espagne a laissé passer trois cents ans sans penser à autre chose qu'à brûler des hérétiques et à construire des couvents, en abandonnant la chose nécessaire? A qui la faute si, depuis plus de deux siècles, elle n'a pas établi sa domination en Afrique?

La destruction de la piraterie barbaresque est devenue une nécessité pour toutes les nations de l'Europe ; mais principalement pour l'Espagne : l'honneur d'apporter un remède à cette nécessité commune lui eût donné riches territoires, étendue de pouvoirs, accroissement de forces. Elle a préféré être fanatique, et s'est placée à la hauteur des Arabes : cent fois son amour-propre a été humilié.

La question appartenait aux faits, au droit des gens, à l'ordre international. Il s'agissait de substituer une population civilisée et tolérante à une population inhumaine et fanatique, et non d'obtenir des triomphes et d'entamer des siéges difficiles.

Mais les pauvres Espagnols qui, pour avoir été aussi intolérants que les Arabes, voyaient se dépeupler, sans pouvoir l'éviter, leur propre territoire, avaient-ils les moyens de repeupler l'Afrique? c'est là où en est aujourd'hui l'état de la question. L'Espagne persévérera-t-elle dans une telle faute ?

Mais cette ignorance qui pouvait être expliquée dans les temps passés, n'est plus tolérable en présence des résultats obtenus par la France en Algérie. Ainsi donc, que l'Espagne soit prudente avant de s'engager dans la question du Maroc ; si, comme la nécessité le commande, le gouvernement agit dans cette affaire, il est urgent qu'il agisse avec un projet arrêté et qu'il accomplisse ce projet sans reculer devant aucun obstacle (1).

Nous l'avons dit, au point de vue européen, l'entreprise est de *haute-police* internationale.

Au point de vue patriotique, elle est purement et simplement de colonisation. Elle n'est pas militaire, seulement faut-il assurer le territoire sur

(1) Les armements qui ont été ordonnés et les dispositions énergiques prises par le gouvernement d'Isabelle II prouvent combien les sentiments patriotiques qui ont dicté ces lignes ont trouvé d'écho dans les régions du pouvoir et dans toutes les classes de la population. Il est regrettable, en face d'un mouvement national aussi spontané et aussi légitime, que l'attitude hostile de l'Angleterre détruise à l'avance pour l'Espagne les avantages matériels qu'elle était en droit d'attendre de la soumission des Marocains. Le chef du cabinet de Madrid a déclaré depuis lors solennellement que l'Espagne ne voulait pas de conquêtes.

Note du traducteur. Ch. L.

lequel pourront se porter des peuples, et s'établir des canaux et des routes.

Aurons-nous eu le bonheur de faire comprendre notre pensée aux puissants qui disposent aujourd'hui des armes espagnoles ?

CHAPITRE II.

La question du Maroc n'est pas exclusivement espagnole, elle n'est pas positivement péninsulaire comme tant d'autres qui pourraient s'agiter : *La question Ibérique*, par exemple.

L'Espagne a tout intérêt à la rendre européenne, et elle doit agir sinon avec le concours, du moins avec l'agrément des puissances qui sauront reconnaître ses efforts.

Si, à l'exemple de la France, elle faisait du Maroc une colonie militaire entretenant une armée menaçante qui puisse se lancer à un moment donné contre un ennemi plus puissant que les Maures, assurément elle perdrait les sympathies de l'Europe.

Un tel projet, outre qu'il serait inutile, présenterait de grands inconvénients.

Il serait onéreux et au-dessus des ressources de son trésor;

Il prolongerait indéfiniment la guerre;

Et, le pire de tout, il ne résoudrait la question que d'une manière indirecte et dans un temps éloigné.

Au point de vue européen, en effet, il n'est pas question que l'Afrique soit française ou espagnole, mais bien qu'elle se civilise, que ses ports soient ouverts à tous les pavillons, que la liberté des mers, sur ce point où le trafic est si étendu, ne soit plus compromise par les rapines d'un peuple barbare.

Le résultat à obtenir n'est pas au-dessus des forces de l'Espagne. Il serait à regretter qu'il fût reconnu comme au-dessus de son savoir et de sa science politique.

Les raisons qui ont donné lieu jusqu'à présent au mouvement des troupes, sont certainement de peu d'importance; les attaques insensées des Maures contre Ceuta ne peuvent inspirer la moindre crainte pour l'avenir de la colonie.

Si les Maures ont renversé l'écusson de Castille,

il faut s'en prendre moins à eux qu'à ceux qui l'ont placé sans le garantir contre leurs attaques là où ils pouvaient le renverser : cette offense réclame un châtiment, s'écrient quelques patriotes indignés. Ce châtiment avancera-t-il la question, répondrons-nous à notre tour? Il y a trois siècles que l'Espagne a puni l'insolence des Maures, et depuis trois siècles les Maures n'ont cessé d'attaquer l'Espagne.

Dirons-nous une fois pour toutes que la question du Maroc n'est pas une question d'offenses à réparer, mais bien une question de civilisation?

Les Maures du Riff ont fait et peuvent faire beaucoup de mal à l'Espagne : c'est ce que l'amour-propre de l'Espagne doit éviter. Quant aux offenses faites, elle doit les pardonner dès à présent et sans arrière pensée.

Si le pavillon de Castille eût été outragé par des nations qui se respectent entre elles, telles que la France, l'Angleterre, le Portugal, alors l'Espagne eut pu se considérer comme offensée, car elle eut su à qui s'adresser pour obtenir satisfaction; mais un *adouar de Riffeños* ne peut faire un outrage qui porte atteinte à la majesté du peuple espagnol.

L'Espagne se considère moins offensée par l'attentat en lui-même que par la vue odieuse de ces

tribus qui ne lui sont ni soumises ni subor-
données.

Est-ce, en effet, l'attitude qu'on veut lui faire
conserver devant l'Europe civilisée?

Cette supposition serait regrettable, car indépendamment d'une erreur d'où naîtrait mille
genres de difficultés pour l'entreprise, il y aurait
le ridicule qu'elle entraînerait avec elle au *premier coup d'œil*.

Ici la meilleure diplomatie, la diplomatie des
grandes causes, c'est la plus simple, la plus vraie,
la plus concluante, surtout lorsqu'il s'agit de l'empereur du Maroc dont la main est ouverte pour
vendre et marchander sans pudeur sa protection à
ceux qui ont le malheur de faire le commerce des
côtes. Pourquoi l'Espagne ne dirait-elle pas très-
haut à l'Europe civilisée, qui l'applaudirait si elle
en était digne, toute l'expression de sa pensée?
Veut-on aussi enfermer cette question dans les
antres de la diplomatie?

Mais c'est impossible après tout ce qui a été dit
et fait à une époque surtout où le plus petit évène-
ment produit tant de bruit. Il faut donc s'expliquer
publiquement au nom du peuple espagnol tout
entier.

Dans cette question, il est impossible à l'Espagne

de ne pas mettre de son côté la raison, la justice, la convenance nationale et les sympathies de toute l'Europe.

Il peut suffire au soldat de se battre quelquefois par subordination; mais, pour la plus grande garantie du succès, il n'est pas inutile qu'il soit conduit au combat avec la certitude que sa bravoure sera employée au service de sa patrie et pour le bien de l'humanité.

Quant à ce qu'il y aurait à dire à l'Europe, le lecteur nous permettra la réserve, sinon pour cacher notre pensée, du moins pour nous éviter des appréciations sur ce qu'a pu, peut ou voudra faire le gouvernement de la reine sur cette question.

D'après ce que nous avons dit, on comprendra dès à présent que l'Espagne ne peut cacher son intention d'obtenir une bonne fois et pour toujours :

FRANCHISES POUR TOUS LES EUROPÉENS QUI VOUDRAIENT S'ÉTABLIR DANS LE PAYS, LIBERTÉ POUR LEUR INDUSTRIE ET SÉCURITÉ POUR LEURS PERSONNES ET LEUR AVOIR.

Comme les franchises, la liberté, la sécurité et les autres avantages de ce genre entrent dans la catégorie des biens éphémères lorsqu'ils ne sont point garantis; nous exigerions que dans toutes les villes ou villages où le besoin s'en ferait sentir, il fût créé un tribunal ou conseil composé d'Européens, devant lequel les naturels du pays, autant que les étrangers, pourraient exposer leurs plaintes, et qui aurait pouvoir absolu pour faire justice même des autorités indigènes, pachas, schérifs, cadis et autres tyrans sans nombre qui exploitent et pillent les habitants.

Le code sur lequel ce tribunal devrait se guider serait un abrégé choisi de la législation espagnole, mais sans les abus des fonctionnaires qui la corrompent et l'exclusion religieuse qui l'enlaidit (1).

Dès à présent il faudrait combattre et vaincre pour soumettre le pays à cette loi paternelle et civilisatrice, mais le gage le plus certain de la victoire serait, au début, la juste appréciation des projets de l'Espagne, la modération de ses désirs et sa ténacité pour les mener à bonne fin. Par ce moyen, elle ne vaincrait pas seulement les Maures, elle remporterait une victoire sur elle-même.

La tolérance religieuse, pierre angulaire sur laquelle repose l'édifice de la civilisation, n'est pas seulement de droit dans les relations entre croyants,

(1) Pero sin el funcionarismo que la corrompe ni el exclusivismo religioso que la afea.

quelle que soit leur religion, elle est aussi de noble
tradition espagnole.

Les Alphonse, les Henri et les Sanche de Castille
ne furent pas exclusifs au point de méconnaître la
religion des vaincus. Dans les capitulations, ils y
acquiesçaient par le traité de reddition. L'intolérance religieuse, au contraire, est de date très-
moderne et de bien triste souvenir. Sa croissante
apogée marqué les échelons à l'aide desquels l'Espagne descendit jusqu'à sa décadence.

S'il fut un temps pendant lequel la différence
religieuse, se substituant aux intérêts nationaux,
prêta son caractère et son féroce antagonisme à la
lutte contre les Maures, nous ne croyons pas opportun que l'Espagne d'aujourd'hui, semblable à
un fantôme, reparaisse avec les mêmes sentiments.

L'Espagnol, dans la question présente, comme
dans toutes les questions internationales, doit agir
d'après sa vieille expérience et l'exemple de ses
aïeux.

Il doit allier la prudence à la bravoure.

Se montrer laborieux, mais indépendant.

Noble, mais sans orgueil; persévérant dans les
plus difficiles circonstances, et possédant toutes les
vertus qui naissent de l'habitude du travail et qui

sont, dans notre siècle, ses meilleurs titres de gloire.

L'Europe civilisée, avec la connaissance de la valeur castillane, 1808 en est un exemple, reconnaîtra l'ascendant que l'Espagne est appelée à exercer sur ses destinées, et si l'on ne peut espérer d'elle la découverte d'un autre nouveau monde, au moins la placera-t-on au rang que lui ont acquis sa modération et ses hauts faits. Vertu peu commune à notre époque, où la valeur militaire semble appartenir tout entière aux fameux zouaves.

Quant aux Marocains, l'attitude que l'Espagne doit conserver doit être aussi sévère que progressiste et humaine : il faut dire une fois pour toutes ce que l'on prétend faire, se maintenir dans ses exigences, et ce que l'on ne pourra obtenir de bon gré l'obtenir et l'assurer par la force.

La condition des peuples barbaresques, vivant, depuis une innombrable pléïade de siècles, sous le poids de la tyrannie et de la misère, est dure, implacable, irritante jusqu'à l'extrême; la main qui est appelée à les subjuguer, pour les soumettre à la vie civile et les rendre traitables, doit être une main de fer et aussi puissante *que la pression d'une spirale soutenue dans son mouvement par une roue à engrenage* (sic).

Les coups qu'ils s'attireraient, soit par la résistance, soit par la rébellion, doivent tomber sur eux
comme une démonstration mathématique faite avec
des boules blanches : de trois ôtez deux, combien
reste-t-il ? Il faut qu'ils comprennent clairement
qu'une opposition de leur part serait l'arrêt de leur
anéantissement ; de même que, se laissant guider
par leurs vainqueurs, ils augmenteraient leurs biens
et leurs richesses et se placeraient au niveau des
peuples civilisés.

Les résultats d'un plan préconçu sur ces bases
ne sont pas douteux. Les effets d'une attitude aussi
exempte de préoccupations militaires, politiques ou
religieuses que ferme et équitable, produiraient en
Afrique d'immenses avantages pour l'Espagne,
qui recueillerait les remercîments de l'Europe
entière. On reconnaîtrait le type presque perdu de
l'ancien caractère espagnol, et si la grande cause
de l'humanité se sentait abandonnée par la France,
ou opprimée par l'opulent trésor de l'Angleterre,
elle se confierait encore une fois à la valeur castillane comme à une dernière espérance, qui, certes,
ne serait pas déçue.

Mais nous ne voulons pas passer pour optimiste
en faisant l'ébauche d'une aussi belle perspective.
L'Espagne ne sait pas le chemin qu'elle suit, par

où ni comment elle va ; il suffit à son patriotique enthousiasme de signaler cette aurore de l'avenir à propos de la question du Maroc.

CHAPITRE III.

Considérations sur l'organisation de l'armée espagnole.

Après avoir essayé de traiter la question marocaine à sa hauteur convenable, il nous en coûte de descendre jusqu'aux importants détails de l'organisation militaire de l'Espagne, qui laissent tant à désirer et qui doivent nécessairement prendre place dans cet opuscule.

Les institutions, comme l'armée, dont l'existence date de plusieurs siècles, et qui, à toutes les époques, dans toutes les circonstances, occupent une place plus ou moins marquante dans l'état social du peuple auquel elles appartiennent, ne peuvent être, tant pour la flatterie que pour la critique, l'objet de légères appréciations.

Dès qu'il fait partie de ces grands corps, l'homme se fond et se transforme, et, comme sous l'aspect matériel, nous distinguons l'uniforme du costume civil, de même, sous l'aspect moral, le citoyen et le soldat ont leur caractère particulier. En un mot, aussitôt sous les drapeaux, l'homme *se moule,* pour ainsi dire, aux coutumes et aux habitudes de l'armée.

Ce phénomène a déjà fixé l'attention de profonds philosophes ; nous, dès que nous l'avons remarqué, nous avons conçu la pensée de décharger de tout sentiment d'animosité ceux qui sont revêtus de l'uniforme et d'établir de suite la question sur un terrain impartial et accessible à tout le monde.

Les militaires intelligents (et le nombre en est plus grand qu'on ne le pense) rendront sans doute justice à la sincérité de notre intention, et, sans trop de peine, reconnaîtront que nous sortons aussi des rangs de l'armée. Or, nous parlons par expérience, *ayant connu les coins d'une écurie de quartier,* n'ignorant pas les nécessités du soldat et quel est l'avenir que peut rêver un officier honorable.

La responsabilité des défauts que nous pourrions

signaler dans l'organisation de l'armée espagnole ne peut être attribuée à personne. Ces défauts sont nés du temps et disparaîtront avec le temps; mais il est du devoir de tout bon patriote d'aider le temps, et, si une occasion favorable se présente, de la mettre à profit.

Nous avertirons aussi que les vices les plus ostensibles que l'on puisse signaler dans l'organisation d'une armée, sont communs à toutes les nations de l'Europe, à l'exception de l'Angleterre, qui a ses vices propres.

Pour entrer avec plus de prudence et d'ordre dans la question, nous ferons remarquer que les défauts visibles dans toute force armée, sont de deux classes.

Les uns, qui se reconnaissent sur le champ de manœuvre, tels que l'instruction, l'équipement, la division des troupes, etc., etc.

Les autres, qui appartiennent à l'ordre hiérarchique, comprennent le système de remplacement, les droits et devoirs de chaque classe et autres choses analogues, dont l'énumération serait inutile dans ces pages.

En ligne, l'armée espagnole peut rivaliser avec n'importe quelle armée de l'Europe.

L'armement du soldat est, en général, égal à celui des autres nations.

L'Espagnol manœuvre avec précision et fermeté;
toute espèce de marche lui est familière, et un général ne peut s'excuser, par sa faute d'aptitude,
s'il n'obtient pas la victoire. C'est dire, en résumé,
que l'armée castillane possède les qualités du
peuple duquel elle est sortie.

Notre raisonnement paraîtra, à quelques-uns,
peu flatteur pour le corps des officiers; mais, si
l'on réfléchit un peu, et si l'on se rappelle que
plus d'une fois le soldat a démérité dans les rangs
des grandes qualités qu'il y apportait comme
homme, on reconnaîtra que nous en avons fait tout
l'éloge désirable. Pour nous, qui n'attachons aucune importance au brillant de l'uniforme, à la
recherche de la tenue, à tous ces détails *efféminés*
que l'on remarque dans la vie oisive des garnisons,
pour nous comme pour la patrie, l'essentiel est l'essentiel : l'armement, l'instruction, l'ardeur et la
constance, pour affronter courageusement le danger.

On ne peut refuser ces qualités à l'armée espagnole, tant qu'elle n'aura pas démérité en face de
l'ennemi.

Mais si, placée en ligne, l'armée espagnole satisfait les espérances de la nation, son organisation, examinée avec soin, laisse beaucoup à désirer.

Les points les plus importants dans l'organisation d'une armée sont :

La loi de remplacement,

Le règlement qui établit les droits et devoirs de chaque individu,

La hiérarchie des grades et récompenses.

Nous ne voulons signaler qu'un seul vice dans la loi de remplacement, et il suffit, à lui seul, pour donner la mesure des énormités infinies qui, à la longue, se réfléchissent dans le soldat.

L'Espagnol peut se racheter du service militaire de deux manières :

Par le moyen d'un remplaçant ou en payant une somme déterminée.

A notre point de vue, le moyen de substitution n'a pas d'importance. Le cas grave, ce qui, quoique légèrement, affecte l'organisation militaire de l'Espagne, c'est le fait qui autorise qui que ce soit à racheter son sort. Nous nous expliquons mal; la conscription n'est pas un sort, ce n'est plus une fatalité, dès l'instant qu'il est permisde se racheter, c'est un malheur estimé 6,000 réaux par la nation.

Ne doit-on pas plaindre l'homme qui devient

soldat malgré lui? Il n'en manque pas qui préfèrent donner 6,000 réaux plutôt que de s'attacher au service, et, considéré sous divers points de vue, ce fait amoindrit leur caractère. En général, personne ne sollicite l'honneur de servir la patrie, à part quelques volontaires dont la vocation est quelquefois douteuse; les rangs d'une armée se composent de ceux qui ne peuvent éviter leur sort et d'hommes incapables ou sans moyens pécuniaires pour faire toute autre chose.

Les législateurs qui autorisèrent et mirent une taxe au rachat de la conscription eurent-ils ces considérations présentes à l'esprit?

Il y a plus : Est-ce par crainte que les Espagnols évitent le métier des armes?

Il est assez notoire que non.

Toutes les causes ont eu et ont des volontaires, et les innombrables phalanges de la milice nationale et des royalistes, chacune à leurs époques respectives, sont une preuve suffisante des sentiments belliqueux du peuple espagnol.

Donc, ils ne fuient ni l'uniforme, ni le régiment, ni la bataille; ce qu'ils fuient, et avec raison, c'est la caserne, la loi absurde, quoique respectable, qui se décore du titre d'ordonnances, et, par dessus tout, l'inégalité dans les récompenses, et les punitions qui démoralisent l'esprit du soldat.

Si le soldat n'était que soldat, s'il n'était employé qu'à prendre les armes tant qu'il est valide, s'il ne se devait qu'à l'appel de ses chefs pour se mettre au rang, manœuvrer, et à l'occasion se battre, personne n'aurait honte d'endosser l'uniforme, et tout le monde rougirait de racheter son sort avec de l'argent.

Le soldat est une *utilité* pour le gouvernement qui ne l'emploie pas exclusivement à la pratique des armes ; c'est une machine pour les chefs de corps, jusqu'aux sergents et caporaux de la compagnie.

La conscription lie les uns au service militaire, donne les galères aux autres, et à beaucoup ouvre un chemin pour arriver dans la société, ce qu'ils ne pouvaient espérer s'ils n'eussent revêtu l'uniforme.

Ces anomalies proviennent moins de la diversité de caractère de chaque individu que de la diversité de service de chaque soldat.

Et parce que ces anomalies sont un fait invincible jusqu'à présent dans l'armée, bien qu'elles soient devenues plus rares, le privilége de racheter son sort pécuniairement existe de droit avec la loi d'exonération. Ce privilége est odieux, mais il ne peut être attaqué, tandis qu'il n'enferme pas l'obligation du soldat dans la noble charge de *tourner* exclusivement les armes contre les ennemis de la patrie.

Quant à la loi qui marque les devoirs et droits de chaque classe de l'armée, ou, ce qui revient au même, l'ordonnance dans tous ses titres avec les lois pénales, nous dirons peu de choses.

Le réglement existe, mais il n'est pas observé ni ne peut l'être (1). L'inférieur est à la discrétion du supérieur, ce qui ne veut pas dire que les ordres doivent être arrogants ni que le caractère du premier soit méconnu. Mais les officiers espagnols n'ignorent pas que ce vénérable code attend le moment où, réformé de droit par les progrès de l'esprit public, il puisse acquérir l'autorité que de fait il n'a pas, sinon lorsqu'il s'agit des subordonnés.

Au sujet de la question qui a dicté ce livre, et au

(1) Depuis longtemps déjà les peines disciplinaires ne sont plus exécutées suivant les prescriptions du code de l'armée. Il y a pourtant des exemples de fausses interprétations du code militaire espagnol: ainsi, la peine de la baguette que quelques chefs de corps ont dénaturée en faisant bâtonner leurs subordonnés, tandis qu'il ne s'agit que de battre les pans de l'habit comme pour en secouer la poussière. C'est une punition umiliante et non corporelle.   Ch. L.

moment d'une entrée en campagne, il nous a paru opportun de signaler cette lacune ; les officiers devant faire plus que conduire les soldats à la victoire, ils doivent encore suppléer, avec prudence, aux omissions d'une loi défectueuse.

Des grades et récompenses, nous en dirons encore moins que du règlement et des lois pénales. Il y a *l'avalanche* des décrets et ordres royaux qui ont nommé et promu, *à tort et à travers* (á red barredera.) — Comment récompensera-t-on, par exemple, le corps d'armée qui comptera six années de campagne en Afrique?

Si ce livre réussit à fixer l'attention du public, s'il acquiert la considération que peut lui donner l'importance de son sujet, nous nous occuperons de cette question à laquelle sont peut-être moins intéressés ceux qui sont dignes d'une récompense que l'honneur du pays qui veut que les bons services ne soient pas méconnus, lorsqu'il y a tant de prodigalité pour quelques-uns qui, aux yeux du monde, ont un caractère équivoque.

Maintenant que nous avons signalé les particularités qui se distinguent dans l'organisation de l'armée espagnole, nous dirons aussi que, devant l'ennemi, aucune de ces observations n'a ni application ni transcendance. Le soldat, l'officier, tous, sans distinction de grade, se battent à leur poste et quelle que soit la position dans laquelle ils se trouvent. L'honneur de la patrie passe avant tout.

La valeur du soldat ne pouvant faire défaut, son aptitude pour supporter la fatigue et soutenir la campagne étant reconnue, la guerre du Maroc pourra présenter de grandes difficultés à l'Espagne, mais le triomphe n'est pas douteux pour elle.

Dans cette campagne, elle possède la supériorité de la tactique, l'étude de la discipline, la régularité des moyens, l'indisputable avantage de l'armement, enfin, le puissant auxiliaire de la marine. Que lui manque-t-il donc?

Un général qui inspire la confiance, un général qui sache conduire les travaux de la conquête, qui sache cimenter l'administration, qui sache toujours se rencontrer avec la victoire, et qui toujours encore ait la prudence d'éviter toute espèce de provocation (1).

La lutte est obligatoire, mais, de la part de l'Espagne, elle ne doit pas être passionnée.

(1) L'auteur n'a certainement pas eu l'intention de mettre en doute le savoir, la prudence et la valeur des généraux d'Isabelle II. Nous le croyons du moins, car l'Espagne possède des illustrations militaires qu'on ne peut méconnaître.

CH. L.

Les Maures seraient chrétiens s'ils étaient nés en Europe, les Espagnols seraient musulmans s'ils étaient nés en Afrique.

L'armée n'a pas mission de convertir aucune nation au christianisme, encore moins doit-elle confondre son œuvre avec l'œuvre de ceux qui, sous sa protection, parviendront à s'occuper de ce ministère. Le missionnaire de l'Evangile marche seul par le monde. Aujourd'hui il s'agit de civiliser l'Afrique; la question religieuse n'est pas pour le moment sur le tapis.

La contenance de l'armée espagnole pour mener à bonne fin l'entreprise étant indispensable, et l'attaque n'étant pas au-dessous des ressources ordinaires de la nation, la responsabilité du gouvernement serait grave s'il ne se mettait en mesure de la conduire avec succès.

Tout le monde est intéressé dans la question, et, pour ce qui nous touche particulièrement, nous ferons abstraction d'intérêt personnel et de parti.

Nous écoutons seulemeut la voix du patriotisme. Plût à Dieu que notre inspiration fasse pardonner les grandes fautes que le lecteur aura pu observer dans la forme et le style de notre écrit.

CHAPITRE IV.

L'Angleterre.

Dans la question du Maroc, l'Angleterre a-t-elle un autre intérêt que celui de la civilisation ? L'Espagne a le droit d'adresser cette demande, comme aussi elle a le droit d'en publier la réponse à la face des autres nations, si cette réponse n'était pas celle qu'on doit attendre d'un peuple et d'un gouvernement comme celui de la Grande-Bretagne.

Que la question du Maroc est d'un ordre élevé d'internationalité et d'intérêt européen, nous avons essayé de le démontrer plus haut.

Que les mœurs, coutumes et les actes des Marocains les placent comme nation en dehors du droit

des gens, nous l'avons déjà dit et nous le prouve-
rons plus loin.

Maintenant nous allons mettre brièvement en
évidence avec l'histoire à la main, que la guerre,
occupation ou conquête de cet empire est pour
l'Espagne un devoir dont elle ne peut se séparer,
comme c'est un affront pour elle, et un affront ter-
riblement grave depuis l'occupation de l'Algérie
par la France, de n'avoir pas su employer ses
armes dans cette noble entreprise.

En deux mots la situation se résume ainsi :

L'empereur du Maroc renonce-t-il à être maître
des vies et des biens? Assure-t-il son pays au droit
des gens? — nous ne disons pas au commerce. —
Construit-il des chemins de fer, et, d'après la loi,
accorde-t-il la liberté et la sécurité des personnes
et des biens de ses sujets et des étrangers? Enfin,
se civilise-t-il ou a-t-il le pouvoir de se civiliser
sans le concours d'une influence étrangère, c'est-à-
dire, sans l'influence d'un peuple dans de meilleures
conditions sociales qui détruise et rompe ce vicieux
et séculaire état de choses?

Nous ne voulons pas faire de réponse à ces questions : que les représentants de toutes les nations
épondent pour nous.

Il ne suffit pas d'un sauf conduit pour voyager

dans le pays, il faut une escorte d'un ou plusieurs Maures du roi (*Moros del rey*), pour se transporter d'un point de l'empire à un autre, et doit-on encore faire des *salamalècs* et supporter des humiliations devant chacun des misérables qui se croient purs parce qu'ils sont musulmans et végètent dans des haillons en demandant l'aumône.

Devant eux, l'Européen n'a aucun droit, ni comme individu, ni comme nation. S'ils avaient le pouvoir et la force et nous la décadence et l'ignorance, ils feraient sans aucun scrupule notre conquête. Leur loi le prescrit et l'ordonne. Doit-on laisser prévaloir tant de folie et tant de présomption? Pour l'Espagne, ce serait pire que de n'avoir pas de raison à donner pour l'acquit de sa conscience, ce serait manquer de sens commun.

Aujourd'hui la sûreté des navires qui naufragent en vue des côtes d'Afrique est compromise; pourquoi ne le serait pas demain celle des navires qui naviguent?

Il reste donc reconnu, que non-seulement l'Espagne, mais encore tout autre nation européenne eût été dans son droit en détruisant cet empire, en s'emparant de son territoire et en y faisant pénétrer la civilisation, l'agriculture, les arts, l'industrie et le commerce.

Certainement, si l'occupation ou la conquête avaient lieu dans l'intérêt de l'esclavage et des rapines, l'accomplissement de ce droit deviendrait une faute; il en serait de même si un intérêt de religion, — question qui ne doit jamais être traitée par les armes, — en était le mobile.

Mais si cette conquête se fait pour l'honneur de l'humanité et la gloire de la civilisation elle sera justifiée, et la nation qui la mènera à bonne fin, recevra une *immense moisson* d'applaudissements.

La civilisation des populations marocaines est une œuvre de travail, de valeur, de temps, de constance : pour l'accomplir, il faut sacrifier une respectable quantité de millions.

Pourquoi l'Angleterre n'a-t-elle pas entamé cette entreprise? Disons plus, pourquoi l'a-t-elle abandonnée, lorsqu'elle eut un pied dans Tanger, de 1662 à 1684?

La réalité, l'Angleterre n'a et ne peut avoir d'intérêt direct ou indirect à ce que les Espagnols réalisent pour le bien de la civilisation et non pas au nom de l'intolérance religieuse, la conquête et la repopulation de l'empire du Maroc.

Pendant la guerre maritime que l'Espagne soutint avec la Grande-Bretagne avant 1808, l'amiral Nelson pût quelques fois approvisionner son escadre dans les ports de cet empire. — Mais, par quels moyens? La seule pensée fait rougir !... En donnant continuellement au sultan de fortes sommes d'argent pour qu'il daignât lui permettre d'acheter à ses sujets des provisions et quelques viandes fraîches, se constituant volontairement son tributaire.

Dans un cas semblable, les autres nations de l'Europe ayant quelques relations avec les Marocains ont agi et agissent de même ; mais consentent-elles tout au plus à déguiser ce tribut du titre de présents. — N'est-il pas honteux pour l'Europe, et premièrement pour l'Espagne de ne pas mettre un terme à un tel état de choses?

Donc, la crainte que pourrait avoir l'Angleterre de la réalisation de cette entreprise serait illusoire et n'inspirerait aucune considération. Elle pourrait regarder avec envie la splendeur militaire et politique de l'Espagne, si cette nation parvient à remplir cette tâche, mais jamais elle ne prendra partie pour l'ignorance et la cruauté contre la civilisation et le progrès.

Elle pourrait encore désirer, dans l'intérêt des approvisionnements de Gibraltar, la prolongation d'un *statu quo* devenu insoutenable, et même ce *statu quo* ne lui donnerait aucun grand avantage.

Si elle croit sa sûreté compromise, sera-t-elle

délivrée de cette crainte par la concentration de tous moyens de l'Espagne pouvant être employés dans un moment donné à son préjudice, par l'accroissement de ses richesses et par sa prospérité intérieure?

Nous ne le pensons pas.

L'action des forces espagnoles dans le Maroc est pour la Grande-Bretagne, l'unique garantie que quant à présent la grande pensée de l'union Ibérique ne sera pas agitée ainsi que la surveillance ou poursuites de ses navires marchands, ce qui n'est pas impossible.

Comme ennemie, l'Espagne peut lui faire beaucoup de mal, même sans le secours d'une alliance.

Et en Angleterre où le pouvoir de l'opinion publique compte pour quelque chose, qui donc se chargerait de soutenir que l'on doit mettre un obstacle à la civilisation du Maroc par les Espagnols? Les Anglais sont trop préoccupés du Champ-de-Mars établi par la France en Algérie. — Nous ne croyons pas que l'esprit public de l'orgueilleuse Albion ait dégénéré au point de s'inspirer de conseils aussi lâches qu'insensés.

Admettons l'hypothèse suivante :

Que l'Angleterre, en opposition avec l'intérêt international de toute l'Europe, en opposition avec sa conduite vis-à-vis des Français en Algérie, se supposant la plus forte, mettant le droit de son côté et abusant de son pouvoir aux yeux du monde entier, que l'Angleterre, disons-nous, se propose d'arrêter la marche de l'Espagne et lui crée des obstacles dans l'entreprise civilisatrice de l'Empire marocain :

L'Espagne devra-t-elle considérerrer un semblable inconvénient?

Quant à nous, voici notre réponse que le lecteur aura sans doute devinée :

Avec tout le monde, guerre

Et paix avec l'Angleterre

Dit un populaire refrain. Nous dirions autrement, nous, et avec résolution, avec un *héroïsme à l'antique,* nous prêcherions la croisade :

Paix avec tout le monde,

Guerre avec l'Angleterre (1).

Les marins se refuseraient-ils, par hasard, à

(1)   El popular estrevillo :
Con todo el mundo guerra
Y paz con Inglaterra.
Le volveriamos nosotros por pasiva, con heroismo á la antigua, levantariamos la cruzada
Con todo el mundo paces
Con la Inglaterra guerra.

l'exécution de cette consigne. En l'accomplissant, perdraient-ils quelque chose lorsque cette nation est *prenable* sur toutes les mers du globe.

Mais nous discutons en vain. L'Angleterre n'est pas dans le cas de provoquer l'Espagne à la lutte quand même cette dernière nation serait seule pour lui résister. Elle l'attaquerait bien moins aujourd'hui que ses forces peuvent être réunies plus facilement qu'au commencement du siècle, n'étant plus occupées sur un continent riche et étendu.

Il est offensant de lui attribuer de tels projets. L'Espagne (c'est un devoir que personne ne pourra lui contester), devant seule en finir avec l'empire du Maroc et faire pénétrer la civilisation moderne dans cette région privilégiée de l'Ancien-Monde.

Comme les individus, les peuples ont de grandes obligations à remplir pour se rendre dignes des autres nations.

Pour le peuple espagnol, il serait plus dégradant de ne pouvoir réaliser la civilisation du Maroc, qu'il est humiliant de supporter une garnison étrangère à Gibraltar.

CHAPITRE V.

La France.

Une autre nation très-puissante, voisine de l'Espagne par les Pyrénées, a droit à son tour à nos appréciations.

La France et l'Algérie se lèvent comme un fantôme et réveillent un remord dans l'âme des Espagnols. Pourquoi ces derniers ont-ils dormi tant de siècles sans sentir l'aiguillon de la gloire et sans comprendre la voix de la vengeance qui leur criait de chasser les Maures de leurs mers?

Une si grande intolérance en Espagne; une telle chute immense depuis Isabelle 1re jusqu'au dernier aut·ichien , — quelles leçons amères donne l'histoire aux peuples fanatiques et exclusifs !

Une nation de héros a perdu , sans s'en douter, toute sa force ; elle est tombée, elle s'est dépeuplée. Elle a perdu son savoir dans les arts, s'est rendue incapable pour l'industrie , ne put continuer l'étude des sciences et abandonna jusqu'à la poésie..... Mais éloignons ces souvenirs : aujourd'hui tous les Espagnols sont appelés à soutenir la réputation de leur patriotisme dans la question du Maroc, et tous la soutiendront.

Etablissons un fait, et ne nous refusons pas de faire cette pénible confession : c'est que jusqu'à la prise d'Alger par les Français, on a douté de la possibilité de la conquête de l'Afrique.

Maintenant que le doute s'est évanoui, pourquoi les Espagnols tardent-ils à aller détruire l'ignorance, la barbarie et le despotisme marocain ? Voudront-ils que cette œuvre appartienne encore aux Français (1)?

Nous ne pouvons le penser, et rien ne prouve qu'il en sera ainsi.

(1) Nous rappellerons que M. Valdespino exprimait ces craintes avant la déclaration de la guerre. Depuis l'apparition de son livre, le gouvernement espagnol a jeté ses troupes sur la terre africaine. Ch. L.

La France fixera sans doute son attention sur les opérations de l'armée espagnole en Afrique ; car, installée en Algérie, le Maroc est pour elle un pays voisin.

Elle pourrait désirer que les arts et la civilisation entrassent, par son aide, dans cet empire, mais si l'Espagne prend l'initiative, ce qui ne peut être mis en doute, si, usant de son droit et mettant à profit les moyens que lui donne sa situation géographique, elle réalise la propagande civilisatrice, loin de lui susciter des obstacles, la France se flattera de voir l'Espagne marcher sur ses traces.

Il n'est pas nécessaire aux Espagnols de changer le Maroc en une colonie militaire, quelquefois menaçante pour les autres nations ; au contraire, sans violence aucune et suivant une politique traditionnelle, ils pourront en espérer la *réunion*, l'assimilant à leurs mœurs et coutumes, c'est-à-dire avec liberté et tolérance, prenant ainsi exemple sur leurs pères lorsqu'ils eurent reconquis les provinces de la péninsule dominées par les Arabes.

Les Canaries sont aussi éloignées de l'Espagne que le Maroc, et cependant elles sont une province sans privilége et tout aussi espagnole que l'Andalousie, la Catalogne, la Murcie ou le royaume de Valence.

S'en rapportant à l'histoire, la France doit respecter la liberté d'action de l'Espagne, ne fût-ce
que pour réparer le préjudice qu'elle lui causa et se
causa à elle-même dans la question d'Haïti, lorsque, provoquant l'émancipation de cette île, elle y
rendit insoutenable la domination des rois de Castille.

L'état actuel de la nation française, laquelle après
avoir tant de fois changé de forme gouvernemen-
tale, s'est donné un souverain dont le nom illustre
et la grandeur des actes font passer, pour ainsi
dire, la volonté comme loi en toutes choses, rend la
discussion très-difficile sur ce sujet. L'Europe ver-
rait sans surprise son immixtion dans une entreprise que tout le monde considère comme essentiellement espagnole, et pourtant le caractère élevé
de l'empereur et sa haute connaissance de tous
ses voisins, font douter qu'il ait l'intention de
donner à l'Espagne un secours puissant et nécessaire, mais que l'amour-propre de l'Espagne ne lui
demande pas.

L'Espagne n'a besoin du secours de personne.
Que, par la suite, Isabelle II agisse de concert
avec les forces d'un peuple aussi valeureux, et,
pour les Espagnols, aussi aimé que le peuple français, ce serait par l'effet des circonstances et sans
préméditation aucune de part et d'autre.

Mais que doit faire l'Espagne si, ce qui n'est pas probable, le gouvernement français désapprouve son action dans l'affaire marocaine ?

Il y a des personnes qui ont pour coutume de répondre à une interrogation par une seconde interrogation. Nous agirons de même en terminant ce chapitre et cette première partie de notre opuscule.

N'avons-nous pas démontré d'où peut venir le mal ? Le remède n'est-il pas connu ?

Donc, l'appliquer ou ne pas l'appliquer ;

EXISTER OU NE PAS EXISTER. Telle est la question.

DEUXIÈME PARTIE

LES MAROCAINS

CHAPITRE PREMIER.

Organisation politique et militaire de l'empire du Maroc.

Les peuples répandus du Nord au Sud sur le continent africain, forment un composé bizarre, digne de fixer l'attention. Cependant, la prépondérance appartient aux indigènes barbaresques de plusieurs origines qui vivent dans la plaine ou sur la montagne. Après eux viennent les Maures proprement dits, Arabes sang mêlé qui habitent les villes.

Le pays est encore habité par une respectable quantité de Bédouins israélites, de nègres des nations intertropicales du même continent, de juifs, eenfin de quelques chrétiens européens, auxquels la résidence et le commerce sont permis dans certaines parties du territoire.

La population de tout l'empire est de huit millions d'âmes, répandue sur une superficie de vingt-et-une mille lieues carrées.

Mais on commettrait une grave erreur si l'on calculait la force du pays par le nombre des habitants.

Le despotisme, en Afrique comme dans toutes les parties du monde, annule la force des populations comme il annule leur industrie, leur richesse, comme il annule les moyens de communications et e caractère des habitants.

Ainsi, une armée d'occupation doit s'attendre à deux genres de résistance : la résistance que peut offrir l'empereur et celle qu'offriront les populations.

La résistance de l'empereur peut être une question d'un certain nombre de batailles ou coups bien préparés. Celle des populations est d'une autre importance et ne peut être vaincue que par le temps, l'amélioration de leurs esprits, et en faisant tomber la *rebelle cataracte* qui les aveugle et leur cache leurs grandes misères (*sic*).

Cette dernière résistance pourrait se qualifier d'invincible pour une puissance chrétienne, dès

l'instant qu'elle se montrerait intolérante et pré-
tendrait obtenir par la force ce qui doit être l'œuvre
du temps.

Mais, si, laissant de côté la question religieuse,
la même armée qui aura abattu le pouvoir de l'empereur se consacre à délivrer le pays des extorsions
et rapines des agents de l'autorité, à régulariser
les impôts, en y mettant une limite qu'ils n'ont pas
aujourd'hui, à sauvegarder les personnes et les
biens tant dans les campagnes que dans les villes,
à stimuler, à l'aide du contact européen, la connaissance des arts et de l'industrie, en combattant
infatigablement l'indolence, on peut prédire, dès à
présent, que, dans une époque rapprochée, le Maroc sera une province espagnole qui, sans être oné-
reuse comme le sont les *présidios*, augmentera le
trésor, prêtera son contingent de soldats et apportera son aide dans toutes les entreprises.

L'armée de l'empereur ne peut être évaluée
d'une manière fixe. De fait, il ne dispose que de sa
nombreuse garde d'infanterie et de cavalerie et de
celle des agents, pachas, schériffs et cadis qui exploitent chaque ville ou province. A peine, par son
organisation, cette armée mérite-elle un titre. La
tête qui commande et le bras qui exécute sont une
même chose. Qu'un corps soit rompu par suite

d'une déroute, tout disparaît, moins la valeur individuelle de chaque soldat dont on doit toujours tenir compte.

Le point d'honneur militaire, l'amour de la patrie, l'orgueil de l'homme, sentiments élevés qui animent l'Européen et le soutiennent pendant la lutte, même lorsque pour lui cette lutte est inégale, n'existent pas et ne peuvent exister chez les Marocains.

Au Maroc, le terrible niveau du despotisme a éteint tout principe de vertu.

Depuis nos renseignements les plus récents, l'armée active dont peut disposer l'empereur du Maroc s'élève tout au plus à vingt mille hommes : la plus grande partie nègres.

L'empereur donne à chacun de ses soldats, selon sa libéralité, deux ou trois réaux (cinquante à soixante-quinze centimes) par jour, l'armement et quelques effets d'habillement. La véritable solde consiste dans les faveurs et priviléges qui sont accordés et qui deviennent onéreux pour tout le monde.

Le privilége d'escorter les consuls ou voyageurs est un des plus innocents et des plus lucratifs, puisque c'est l'autorisation de vivre aux dépens du protégé et d'exiger le salaire accoutumé.

Indépendamment de cette armée, dont la concentration, quoique irrégulière, est toujours possible et se réalise effectivement pour châtier la rébellion, exiger les impôts ou tout autre motif semblable, chaque district possède les milices levées par les pachas, et qui, en cas de guerre, doivent se mobiliser.

La solde de ces milices est représentée par une certaine somme d'argent qu'elles reçoivent en entrant en campagne et par la propriété des dépouilles de l'ennemi, si la victoire les favorise.

Ceux qui ne font point la guerre sont chargés de cultiver les champs des absents.

Lorsque la croisade ou guerre sainte est proclamée, tout bon musulman prend les armes et, de fait, accourt à la défense du territoire.

Dans ce cas, le nombre des soldats d'infanterie et de cavalerie est incalculable. Mais comment les maintenir réunis? — Les provisions qu'ils ont apportées avec eux étant épuisées et le pays où ils s'établissent, soit ami, soit ennemi, devenant sans ressources, la faim dissout naturellement cette myriade de fanatiques sans organisation possible.

Il reste donc pour soutenir la campagne, les forces régulières de l'empereur, les milices des districts, l'auxiliaire puissant des tribus nomades et les volontaires de tout l'empire qui sont attirés par la perspective du pillage.

Comme toutes les armées de ce caractère, la première impulsion est vive et désespérée. Le soldat qui lui résiste doit être doué d'un grand sang-froid et d'un grand courage pour ne pas perdre l'avantage de ses armes.

S'il soutient son rang de bataille et s'il met à profit l'aide de la cavalerie et de l'artillerie, le triomphe n'est pas douteux quels que soient le nombre et la valeur de ses ennemis.

Les Marocains sont très-habiles et déploient une grande vigilance pour éviter les surprises, mais à la longue, la guerre dans leur propre pays les fatigue et les épouvante.

Eux-mêmes compromettent tout; ils ne comprennent pas qu'une armée européenne offre la mort aux populations ennemies et aucun butin aux volontaires.

Aussi est-il reconnu que lorsqu'une invasion bien conduite a chassé les despotes qui dominaient un pays, très-facilement ce pays a changé de maître.

L'empereur étant vaincu et ses forces désorganisées, il restera à une bonne administration d'étendre la domination dans chaque district. Opération successive mais très-facile si l'on sait utiliser toutes les occasions de faire prévaloir la justice en limitant le pouvoir des pachas quant à ce qui touche aux impôts et à tous les genres d'exactions qui sont la plaie du pays.

Quelques célèbres voyageurs se sont consacrés à classer les populations de l'empire du Maroc par leur origine. Quelle que soit l'importance de ces curieuses statistiques, nous ne croyons pas devoir leur donner place dans notre court opuscule.

En présence de l'empereur ou de ses agents, personne ne jouit d'aucun privilége, et il est impossible de se mettre à l'abri de leur action vexatoire, à moins de se résoudre à vivre dans un désert inaccessible.

Pour cette raison, nous diviserons la population du pays en EXPLOITEURS et EXPLOITÉS, les uns et les autres ignorants, tous fanatiques et ennemis des relations européennes.

Dans la catégorie des exploiteurs, nous placerons l'Empereur, les Ministres, Pachas, Cadis et autres fonctionnaires de l'administration judiciaire ;

Les faquirs et autres ministres de la religion ;

Les employés, quelle que soit leur position, de la maison de l'empereur ou des pachas ;

Les soldats de toute arme, de toute espèce et de tout grade;

Les percepteurs des impôts;

Les agents de la police;

En général tous ceux qui obtiennent une charge de la munificence de l'empereur : comme celui-ci ne les rétribue pas, il reste au génie du favorisé de s'appliquer une partie des bénéfices; il n'est pas rare de voir les pachas et les ministres demander leur participation à ses rapines, et la richesse si mal acquise, devenir quelquefois l'occasion de sa ruine.

La seule classe des gens qui dorment du sommeil du juste au Maroc, c'est celle de *déguenillés* qui végètent *couverts de misère sur les ruines d'un peuple disparu.*

Dans la catégorie des exploités, nous placerons ceux qui cultivent les terres, chaque jour plus abandonnées, les gardiens des troupeaux, ceux qui exercent quelque industrie, qui se vouent au commerce ou qui ont un état quelconque; enfin, ceux qui, par n'importe quels moyens, parviennent à réunir quelques sommes d'argent.

L'œil perçant de l'empereur, présent dans toutes les parties du territoire en la personnes des agents, voit où s'agite quelque intérêt social. Peu lui importe que ce soit métal, produit brut, troupeaux ou autre espèce d'avoir. Tout est pris par la cupidité du maître ; aussi impatient qu'ignorant, il abattra l'arbre pour cueillir le fruit.

Il retirera au laboureur ses grains et ses instruments au moment de la semence, il enlèvera au berger les *portées* du troupeau, il privera l'industrie du capital ; le commerce de son gain est plus terrible que la langouste (1), il fait disparaître les récoltes et agrandit l'étendue du désert.

L'empire est divisé administrativement en un certain nombre de provinces sous les ordres d'un pacha (2) qui a, dans ses attributions, la justice, la force armée, et assure la prompte exécution des décrets de l'empereur.

Dans les villes ou villages, il y a un cadi devant lequel se discutent les procès et les questions de tout genre. Ce cadi a son escorte de greffiers et de bourreaux : aussi la justice est-elle expéditive et sans appel.

Les tribus sont gouvernées par un ou plusieurs

(1) Insecte de la famille des sauterelles. Une nuée de ces langoustes suffit pour détruire la moisson de toute une contrée qu'elle laisse ensuite aux prises avec la famine.

(2) Le nombre de ces provinces s'élève à trente-deux.

Ch. L.

jeques (gouverneurs), suivant leur importance, un *jeque* supérieur commande un certain nombre de tribus, et toutes celles de l'empire sont sous les ordres d'un seul grand jeque.

Tous ces commandements sont despotiques et ne donnent aucune dignité à celui qui les a exercés, une fois destitués. L'empereur est toujours maître des biens et des personnes.

CHAPITRE II.

Situation géographique.

L'empire du Maroc s'étend par les deux versants de l'Atlas, fameuse chaîne de montagnes qui, aux deux degrés Ouest du méridien de Madrid et trente-deux degrés de latitude Nord , a un de ses principaux groupes presque au centre de l'Europe et sur sa partie la plus élevée. Les Arabes donnaient à ces terres le nom de Al Mogreb El Aksa, ou extrême occidental de l'Afrique.

Partant de ce point et se dirigeant vers le nord , se détache une grande chaîne où prennent naissance une quantité de rivières qui se perdent dans la Méditerranée, se donnent presque la main avec

les sierras de l'Andalousie, et divisent en deux ce
richissime pays.

Presque établie parallèlement, quoique plus in-
clinée vers l'Orient, se détache la véritable chaîne
du mont Atlas, qui, partant de l'Algérie par les
monts Beni-Ammer, forme avec le précédent la
magnifique vallée du Mulvia, importante rivière
recevant un grand nombre d'affluents, ayant son
embouchure dans la Méditerranée, à quelques lieues
de Melilla.

Cette rivière, la plus grande de l'empire, parcourt le pays en le fertilisant sur une étendue de
plus de cent vingt lieues.

D'autres rivières, suivant une étendue parallèle
du Nord au Sud, ont également leur embouchure
dans la Méditerranée. Mais la partie la plus riche,
la plus abondante et la plus délicieuse du pays, est
le versant occidental de la chaîne qui, couverte de
neiges éternelles, court en s'inclinant depuis la côte
jusqu'au cap de Nun, presqu'en face des îles Canaries.

Les anciens Espagnols appelaient cette chaîne
Montes-Claros, parce que, grâce à son élévation,
elle est visible, lorsque le ciel est pur, d'une grande
distance.

Plusieurs rivières prennent leur source de cette

chaîne ; nous en nommerons quelques-unes des plus importantes :

Le *Lucos*, qui, descendant du Riff, parcourt près de quatre-vingts lieues et s'arrête à Larache. Ses eaux sont fraîches et abondantes, malgré le peu de nombre de ses affluents.

Le *Subu*, dont les eaux sont également abondantes, d'un courant très rapide et qui, par l'incurie des habitants, a formé à son embouchure des lagunes étendues et des étangs stériles. Cette rivière parcourt le pays sur une étendue de plus de soixante-dix lieues.

Le *Morbea*, une des rivières qui donnent le plus de fertilité au pays ; elle a soixante-quatorze lieues de courant, et ses rives sont bordées de populations. Elle se jette dans l'Océan à Azamor, ville abandonnée, fondation des Portugais.

Le *Tensift*, qui, passant non loin de Maroc, reçoit le tribut d'autres petites rivières et se dirige vers l'Océan, où il a son embouchure près de Saffi.

Enfin le *Sùs*, qui, quoique d'un faible parcours, est très-profitable aux populations et devient la limite ou frontière méridionale de l'empire.

Le pouvoir de l'empereur s'étend aussi sur les peuples qui, depuis la partie méridionale de l'Atlas jusqu'au désert, établissent leurs tentes sur le passage de ces rivières.

La fertilité du sol marocain, dont la plus grande partie, à l'exception d'un royaume de Tafilète, s'appuie à l'Atlas, est presque fabuleuse.

On raconte qu'un voyageur ayant observé la disposition bizarre donnée à la plantation de quelques oliviers, découvrit que ces arbres provenaient de piquets qui, quelques années auparavant, avaient servi à attacher les chevaux d'un camp de cavalerie.

On peut, par ce fait, si toutefois il est réel, calculer la spontanéité de la fertilité dans ce pays.

Ce qui est un fait acquis, c'est l'abondance des récoltes sur une terre labourée à peine. Il n'est pas rare que les grains atteignent une multiplication de vingt-cinq et jusqu'à quatre-vingts pour un, sans engrais d'aucune espèce; ce dernier raffinement de l'agriculture n'étant pas en usage dans le Maroc.

En prenant pour base le produit actuel, il serait impossible de calculer ce que cette *terre promise* pourrait donner, même en l'exploitant très-médiocrement.

La végétation apparaît jusque sur les montagnes. La température est très-douce, le thermomètre Réaumur n'atteignant pas trente degrés et ne descendant jamais au-dessous de cinq. Les arbres sont abondants, les pâturages sont délicieux ; la richesse des troupeaux, cette première indùstrie de l'homme, est d'une importance sans égale. C'est que l'industrie et l'ignorance, qui détruisent tout, n'ont pu empêcher les animanx de s'alimenter du produit des champs abandonnés par les dissensions, guerres, extorsions et pillages qui désolent ce malheureux empire.

Depuis la côte occidentale, enrichie par l'Océan d'une abondante quantité de poissons, jusqu'au sommet de ces hautes montagnes que les anciens Espagnols appelaient *Montes-Claros*, il y a un espace ou ceinture de terre de quarante à cinquante lieues d'orient à occident, et d'à peu près quatrevingts lieues de longueur du nord au sud.

C'est, proprement dit, le célèbre jardin des Hespérides, produisant trois récoltes successives et sur le sol duquel ni le froid ni la chaleur ne peuvent prévaloir. Là tout s'acclimate, depuis les riches produits des tropiques jusqu'aux majestueuses plantes alpines, la population est nombreuse, les troupeaux abondants et les communications faciles.

Maroc, Mequinez, Fez, Tanger, Larache, Rabat, Mozagan, Saffi, et aujourd'hui le point de réunion

6

du commerce de Mogador, sont situés dans cette région.

Les populations de l'intérieur sont innombrables, et, quoiqu'ignorant le confortable de la vie, elles ont abondamment les moyens de subsistance, les produits des troupeaux, de la moisson, et jusqu'au bénéfice de la chasse.

Ces terres sont également riches en produits minéraux ; mais cette richesse, quelle que soit son importance, occupe une place très-secondaire dans l'existence des habitants, dont la seule aspiration permise est de vivre en murmurant :

Dieu est grand, et Mahomet est son prophète.

Les côtes de l'empire marocain, tant par la Méditerranée que par l'Océan atlantique, seraient assez accessibles si tout autre peuple les habitait ; mais, les ports étant obstrués, elles offrent très-peu d'abri aux vaisseaux.

Le meilleur port de la Méditerranée est celui de Tétouan. Les ports possédés par les Espagnols laissent également beaucoup à désirer, les communications avec l'intérieur étant impossibles.

Sur l'Océan atlantique, les plus connus, et, jusqu'à un certain point, les plus fréquentés par les navires européens, sont ceux de Tanger, Larache et Mogador.

Si l'on voulait établir un système important de communications, il ne serait pas difficile de rendre navigables quelques-unes des rivières que nous avons mentionnées plus haut ; mais aujourd'hui leurs *barres* sont périlleuses, et la plupart sont infranchissables même pour des *carabos.*

D'un côté l'Océan, déposant dans ces marées une grande quantité de sable, et, de l'autre, ces mêmes rivières traînant avec elles tout ce qu'elles ont rencontré sur leur passage, ont formé d'immenses bancs qui sont de véritables écueils pour les navigateurs.

Presque sur tous les points, la côte de l'Océan est aussi basse que celle de la Méditerranée est haute.

Depuis la frontière de l'Algérie jusqu'au cap Agulon, le littoral de l'une et de l'autre compte plus de deux cent quatre-vingts lieues dont quatre-vingt-dix longeant la Méditerranée et faisant face à l'Andalousie.

La division géographique la plus naturelle serait la distribution de l'empire en trois grands districts :

PREMIÈREMENT. — La région montagneuse comprise entre la Méditerranée et la vallée du *Subu,* coupant le pays d'Orient à Occident, et la vallée du Mulvia, près de l'Algérie, allant du Sud au Nord.

Cette partie du territoire est raboteuse, mais riche en pâturages et en troupeaux. Les habitants sont fanatiques et indépendants : c'est le Riff proprement dit.

Les terres basses, y compris les grandes vallées du Subu et du Mulvia avec leurs affluents, sont d'une très-grande fertilité malgré le manque de culture.

Secondement. — Tout le pays qui va vers la partie Occidentale de l'Atlas, sans tenir compte des divisions partielles qui se séparent de la grande chaîne en marquant le courant d'innombrables rivières. C'est la région peuplée et dont la possession est à désirer.

Troisièmement. — Les terres qui vont vers le levant de l'Atlas, et qui ont pour limite le grand désert : c'est la partie la plus dépeuplée de tout l'empire.

Le caractère des populations de chacun de ces districts fait varier les moyens qui sont nécessaires pour les subjuguer. Nous nous occuperons de cette question dans un autre chapitre.

CHAPITRE III,

Mœurs, coutumes et civilisation.

Les principes du Coran, superstitieusement observés par les indigènes, Maures et Arabes bédouins, donnent un caractère trés-varié aux mœurs et coutumes de cette population.

Ceux qui se vouent à l'agriculture, et chaque année le nombre diminue, habitent certains petits hameaux dont les chaumières, de construction grossière et sans le moindre confortable, sont recouvertes de paille. Leur costume est simple : jambes et bras nus, et leur tête est abritée par le bonnet ou la calotte qui se fabriquent à Fez.

La fréquentation des marchés et les pèlerinages

à quelques lieux consacrés, sont les seules relations qu'ils aient avec l'extérieur.

Ils labourent peu et mal; et souvent celui qui sème le grain ne recueille pas la moisson.

Les exactions auxquelles sont soumis les agriculteurs de la part des pachas, des collecteurs de tribus, des agents de l'empereur, des populations nomades et de toute autre force armée, sont innombrables et sans aucune compensation.

Les femmes sont chargées de tous les détails de la maison : filer, tisser, faire la moisson, moudre le blé, etc., etc., aussi les campagnards sont-ils, en général, moins jaloux que les habitants des villes.

Bien qu'elles fassent ostentation d'une certaine richesse dans leurs habits de noces ou pour toute autre cérémonie, leur aspect est habituellement triste et misérable.

La majeure partie de la population, même quelques-unes des tribus qui s'occupent spécialement de la culture du sol, campent sous la tente et s'établissent d'un point à un autre, suivant la convenance des troupeaux.

Au milieu de chaque tribu, une tente plus élevée que les autres est consacrée et tient lieu de mosquée.

La crédulité des indigènes, leur superstition et l'attention qu'ils apportent à la *magie* et à toute espèce d'amulette, sont seules comparables à leur férocité et à la haine qu'ils professent pour les Européens.

Les guerres d'une tribu à une autre, les vengeances individuelles et l'envie pour tout ce qui est généreux et noble, sont pour eux des sentiments toujours vivaces.

On peut se rendre compte de ce que sont les coutumes et les idées dominantes dans la population relativement à la famille et à la propriété, par la connaissance des moyens employés par l'empereur pour châtier les tribus rebelles ou celles qui sont dans l'impossibilité de payer les impôts auxquels elles sont soumises.

Dans un tel cas, le district sur lequel s'étend la colère du prince des croyants, reçoit un cantonnement de quelques milliers de soldats d'infanterie et de cavalerie, qui ont pour mission de tout voler et de tout détruire : hommes, femmes, troupeaux, chaumières, moissons.— Cela s'appelle un district *dévoré* par le sultan.

Les incarcérations et les tourments ayant pour but d'arracher les économies réunies avec tant de peine et de travail, sont assez fréquents, autant dans les districts que dans les campagnes. Il suffit d'une simple délation : le reste est l'œuvre de la cupidité.

Aucun genre de martyre n'est épargné à la malheureuse victime : coups de bâtons sur la plante des pieds (*corbacho*, bastonnade avec un nerf de bœuf), *chats vivants dans les pantalons*, privation du sommeil en l'enfermant dans un endroit tellement étroit qu'il lui est impossible de se coucher ou de s'asseoir (1), cheville de roseau dans les ongles, et autres raffinements de cruauté douloureux à énumérer.

Dans les villes, les populations ne sont pas plus heureuses. Ceux qui ont un commerce ou exercent une industrie quelconque, parviennent à jouir d'une certaine aisance : mais obsédés, persécutés, et craignant toujours l'attention des nombreux satellites du pacha, ils passent leur vie dans de continuelles anxiétés.

La police des marchés est aussi cruelle que facile à corrompre. Il n'est pas rare de voir couper la main à un *ratero* (2) par le même juge qui vend sa protection à un plus grand coupable.

----

(1) Empederado donde no pueda tener otra postura que de pié y sin dormir.

(2) Le *ratero* est le voleur qui dérobe les objets de peu d'im-

Il n'y a d'autres réunions dans l'empire du Maroc que dans les mosquées et les cafés, et d'autres spectacles que les saltimbanques, les enchanteurs de serpents et autres jongleurs.

La vie de famille n'existe pas, la femme ne jouissant d'aucune considération. Les alternatives d'une moyenne aisance à la plus terrible misère sont fréquentes et inévitables; de là la constante dégradation de caractère, toujours vive dans les esprits, la suspicion et la crainte.

L'orgueil de ces fanatiques n'a d'autre aliment que leur haine pour les *chiens de chrétiens*, et la prétention de se croire purs, même lorsqu'ils vivent dans un cloaque ; car les lieux immondes dans lesquels vivent certaines parties de la population ne méritent pas d'autre nom.

La célébration d'une noce, la naissance d'un enfant, un voyage à la Mecque ou une visite au sépulcre de quelques saints personnages, sont les seuls événements qui interrompent à la longue la monotonie de l'existence dans ce malheureux pays.

Leur nourriture est assez frugale, mais dans

portance, le *ramasseur* de mouchoirs ou coupeur de poches. Il est ainsi nommé parce qu'il profite d'un instant (de un rato) de confusion pour exercer son industrie.   Ch. L.

leurs repas ils sont sales. Dans les grands repas de fêtes, la quantité des mets est bien plus appréciée que la qualité. Le service de table est inconnu, les Marocains n'ayant guère d'autres instruments que leurs doigts pour manger.

Comme chez les peuples sauvages, les outrages, dans lesquels le sang a été versé, sont vengés par la famille de l'offensé, à moins que celui-ci n'admette le prix de l'offense ou tout autre dédommagement.

C'est ce qui explique le nombre des assassinats et les haines de famille à famille, de tribu à tribu. Quoique ces vengeances soient défendues par la loi, elles sont autorisées et sanctionnées par la coutume.

L'application solennelle de la peine de Mort est plus rare qu'en Europe, mais lorsque le cas se présente dans une population où le Sultan ne réside pas, l'homme avec lequel on fait prix pour remplir l'office de bourreau court le risque de mourir des mains de la famille de l'exécuté, sans que les agents du gouvernement se donnent beaucoup de peine pour le protéger.

Dans les villes principales de l'empire, comme Fez, Maroc, Tetouan, Tanger et Mogador, renfermant une grande agglomération de population, il existe quelques écoles dans lesquelles l'on commente le Coran, l'on apprend quelques histoires arabes et un peu d'arithmétique. Aucune autre connaissance n'étant cultivée, l'enseignement est dans la décadence la plus complète.

Dans tout l'empire, à peine si l'on enseigne l'arabe qui est la langue du culte adoptée dans les décrets du sultan.

Les arts et métiers sont dans le plus grand abandon, sans qu'aucune amélioration soit apportée dans leurs moyens mécaniques. La tannerie grossière, la fabrication des draps, toiles et ceintures de beaux coloris, telles sont les seules industries qui existent, mais qui ne sont pas dignes de fixer l'attention.

Les Marocains se suffisent généralement à eux-mêmes en vendant aux marchés l'excédant de leurs produits.

La grande loi de la division du travail, puissant agent de sociabilité et multiplicateur infatigable de toute espèce de marchandises, n'est presque pas connue au Maroc. Il manque la sécurité individuelle, il manque l'appropriation des biens acquis ou échus par héritage.

Même dans les populations où, comme à Fez, il existe certaines divisions de métiers par quartier;

le progrès est nul par l'invincible résistance qu'opposent les préoccupations religieuses et la constante cupidité du despotisme.

Malgré cela, les moyens de subsistance ne font pas faute, et la vie animale n'est pas chère.

Pour le commerce européen, le pays dont nous nous occupons offre aujourd'hui des laines de première qualité, de la cire, de la gomme, des amandes, des peaux de toute espèce, des grains (lorsque l'importation en est permise), des dattes et toutes sortes de riches marchandises apportées par les caravanes de l'intérieur de l'Afrique.

Les articles qui peuvent être exportés par les européens avec quelque probabilité de succès sont : outils de toutes classes, quincaillerie ordinaire, toiles, armes blanches ou à feu, poudre, plomb, verroteries, poteries, papiers, grenats et autres articles proportionnés aux usages des habitants.

Les communications d'un point à un autre se font à l'aide de chevaux et de chameaux, la loi ne permettant sur les chemins la circulation d'aucune espèce de voiture.

La race chevaline a beaucoup dégénéré; pourtant on pourrait encore recruter avantageusement dans ce pays une excellente cavalerie légère.

Quelques-unes des statistiques faites par les

rares voyageurs qui ont pu obtenir des données sur la richesse en animaux domestiques de l'empire du Maroc, font monter à quarante-huit millions le nombre de têtes de la race ovine ;

Celui de la race bovine à cinq ou six millions ;

De chameaux, cinq cent mille ;

De chevaux, quatre cent mille ;

D'ânes et mulets, deux millions.

L'état publié par *l'Annuaire statistique d'Espagne* donne les totaux suivants :

Espèce bovine,	1,380,861
Chévaux,	268,248
Mules ou mulets,	413,978
Anes,	491,690
Moutons ou brebis,	13,794,956
Chèvres,	2,733,965
Porcs,	1,018,385

Ces chiffres sont loin d'atteindre ceux qui concernent l'empire du Maroc; il est du reste impossible d'établir un point de comparaison entre cet empire et l'Espagne, à propos de l'exploitation d'une industrie quelle qu'elle soit.

Nous avertirons pourtant que l'on peut douter de l'exactitude de ces statistiques, et, parlant par induction, nous les considérons comme exagérées.

Si l'invasion du Maroc s'effectue dans les proportions que réclament l'amour-propre de l'Espagne et l'accomplissement de ses devoirs vis-à-vis des autres nations, il faudra alors rectifier ces statistiques, en attendant que des observations physiologiques pour la grande histoire de l'humanité, soient faites avec la connaissance exacte de ce pays qui, en réalité, n'a pu être assez étudié.

CHAPITRE IV.

. . . .
. . . .

Nous n'avons lu aucun auteur signalant dis-
tinctement l'analogie qui existe entre l'organisation des armées et le caractère des guerres qu'elles
doivent soutenir. De là la monstruosité militaire
qui se présente dans les armements de toute l'Europe.

Que les peuples s'arment en masse lorsque leur
indépendance est en danger, et ne marchandent
pas leur sang jusqu'à l'expulsion complète de l'ennemi de leur territoire, comme la France en 1792
et l'Espagne en 1808, c'est un fait plausible, né-

cessaire, logique. Mais que la tyrannie de cet état de chose passe à une situation normale et se sacrifie constamment au dieu de la guerre, c'est une grande faute dont les nations auront à se repentir.

Les peuples du dix-neuvième siècle sont tellement vaillants et belliqueux qu'ils n'applaudissent qu'aux plus sanglantes campagnes. En venir aux mains avec l'ennemi, et vaincre ou mourir, tel est le seul genre de guerre que l'on connaisse. Aussi n'est-il pas facile de démontrer que les résultats de plusieurs campagnes n'ont pas été proportionnés aux sacrifices qu'elles ont exigés.

Les forces nécessaires pour détruire l'empire du Maroc et y produire une *autre civilisation* ne doivent jamais excéder le nombre déterminé pour combattre et vaincre en rase campagne, en paraissant toujours être les plus forts.

La domination et la civilisation du pays doivent être l'œuvre du temps, de la politique et de campagnes répétées.

Une armée victorieuse à laquelle ne peuvent résister ni campements, ni forteresses, ni places fortes, produit nécessairement une révolution dans l'empire et une plus grande encore dans l'esprit des habitants.

En résumé, qu'est-ce que le Coran?

C'est la religion de la force.

Que l'Espagne soit la plus forte, qu'elle se montre aussi sévère qne juste, et l'influence naturelle de cette conduite lui donnera dans un temps plus ou moins éloigné la haute direction des destinées du pays.

Cette population, habituée au bâton, victime de la spoliation, et sans que l'amour de la patrie ait pu naître au milieu de sa vie nomade, s'enveloppe dans son orgueil et sa superstition religieuse pour ne pas voir sa dégradation.

Le contact obligé d'un peuple de l'Europe fera tomber le bandeau qui l'aveugle, malgré la résistance qu'elle pourrait opposer. Alors elle sera honteuse de son état, et les opprimés d'abord, ensuite les oppresseurs, suivront la bannière et l'exemple des Espagnols.

Les Marocains aujourd'ui croient ces derniers enchanteurs et sorciers ; le jour qu'ils les reconnaîtront invincibles, leur fatalisme les mettra du côté des vainqueurs. L'honneur, parole vaine chez un peuple accoutumé à se prosterner devant un sultan cupide, multiplié par le nombre de ses agents, ne les soutiendra pas dans une lutte stérile dès l'instant que les Espagnols sauront se conserver *invulnérables et entiers.*

BIBLIOTHÈQUE IMPÉRIALE IMPR.

7

Le vertige qui peut faire dire à un peuple : « Je
veux des chaînes, » ne peut durer devant une
armée victorieuse, s'il est vrai que cette armée
combatte pour le triomphe de la civilisation et de
l'humanité.

Donc le corps d'armée qui opérera dans le Maroc
ne doit pas être d'occupation sinon de combats.

Il doit être une forteresse ambulante, à la manière des armées consulaires des bons temps de
l'ancienne Rome.

Qu'il s'approche d'une capitale et s'en em-
pare ;

Qu'il s'établisse dans un district, et impose
aux ennemis de son pouvoir ;

Qu'il tombe comme une masse sur tous ceux
qui la provoqueront à la lutte et les confonde.

En somme, que, sans contrarier les coutumes
privées, il prépare un autre ordre de choses,
une autre organisation administrative, affermis-
sant le propriété et favorisant la sécurité des communications.

Pour remplir cette tâche, il ne suffit pas à une
armée d'être nombreuse ; il faut encore qu'elle soit
commandée par un général qui, sans économiser
le sang du soldat en un jour de bataille s'en montre

assez avare pour ne pas le compromettre en mar-
ches laborieuses, garnisons inutiles et attaques en
détail, qui sont un aliment pour la résistance d'un
peuple se défendant à la débandade.

Quel que soit le nombre des régiments que l'Espagne débarque à Mogador, par exemple, qui pa-
raît le point le plus convenable pour tenir lieu de
base d'opérations, on peut être sûr d'avance que
chaque soldat aura à combattre vingt ennemis.

Par cette raison, le triomphe n'est pas difficile ;
cette disproportion de nombre ne peut effrayer les
soldats d'Isabelle II ; il faudrait, pour qu'il en soit
autrement, qu'ils eussent dégénéré de ce qu'ont
toujours été les Espagnols.

Mais, mettre en campagne un corps d'opération
de douze ou vingt-quatre mille hommes, ce n'est
pas chose inutile dans l'intérêt du succès d'une entreprise pour laquelle la valeur, l'habileté et la
constance sont des qualités indispensables et le
temps un premier élément.

La nation espagnole peut détacher, pour un
temps indéfini et sans que son pouvoir s'en res-
sente, douze mille hommes de son armée; mais
peut-être ne pourra-t-elle pas disposer immédiatement de vingt-quatre mille (1).

(1) Nous l'avons déjà dit, lorsque cette brochure a été pu-

Nous recommandons cette observation aux sommités militaires.

S'il s'agissait seulement d'un coup de main, nous ne dirions rien.

Mais, après avoir conservé dans le fourreau, depuis tant de siècles, l'épée de Mezalquivir, l'Espagne doit-elle l'en retirer pour une guerre de surprises? — Ce serait une légèreté incompatible avec le judicieux et patient caractère espagnol.

Indépendamment de la raison économique que nous avons essayé de faire ressortir, il y en a une autre trop concluante pour que nous nous décidions pour un corps peu nombreux.

L'empire du Maroc n'a pas de soldats, mais il a autant de combattants qu'il y a d'hommes en état de prendre les armes.

Cent mille soldats jetés sur son territoire n'influeraient pas dans la proportion du nombre des combattants et provoqueraient, bien certainement, une résistance quintuple à celle qui serait opposée à vingt mille.

Une armée de vingt mille hommes, une fois vic-

bliée à Madrid, la guerre n'avait point encore été déclarée au Maroc. L'auteur, en écrivant ces lignes, ne pouvait prévoir le réveil de l'Espagne et l'exemple du patriotisme que cette nation vient de donner aux peuples civilisés.

torieuse, rencontrera de puissants auxiliaires dans les tribus dissidentes, parmi les populations opprimées par le despotisme, les quelques mécontents en désaccord avec le sultan et même parmi les pachas eux-mêmes.

Une armée de cent mille hommes fera naître des ennemis jusque dans le district le plus pacifique. Les nécessités matérielles des approvisionnements sont des raisons suffisantes pour les provoquer.

Ce sont des vérités incontestables, et il n'est besoin que de les signaler pour que, non-seulement les militaires, mais tous les hommes de bon sens les comprennent.

Pourtant, le lecteur qui aura prêté quelque attention à nos observations que, pour notre honneur, nous déclarons n'être traduits ni de l'anglais, ni de l'allemand, ni du portugais, ne comprendra pas comment vingt mille soldats espagnols pourront triompher de deux cent mille Marocains, lesquels, par parenthèse, ne sont ni timides ni maladroits.

Rigoureusement, nous sommes dans notre droit en laissant la solution du problème au général en chef qui commandera ces forces ; mais nous n'userons pas de ce droit, et, aussi bien que mal, nous expliquerons ce logogriphe.

En quoi consiste la supériorité de l'armée espagnole sur l'armée marocaine?

Est-elle dans la valeur individuelle de chaque
combattant?

Est-elle dans la protection de Saint-Jacques combattant sur son cheval blanc dans les rangs castil-
lans?

Assurément non.

La supériorité des Espagnols sur leurs ennemis
consiste dans l'unité de leurs efforts soit pour
combattre, soit pour marcher, dans l'économie
stratégique et la tactique qui leur permet de les
renouveler indéfiniment, dans la régularité et les
prévisions des moyens d'existence, dans la perfec-
tion des armes, dans la science des officiers et l'instruction militaire des soldats.

Ces avantages ne dépendent pas du nombre
d'hommes composant une armée, si d'un autre
côté cette armée est suffisamment bien dirigée pour
ne pas se laisser entraîner dans une attaque. Ils
dépendent du talent du général, de la valeur et de
la fermeté du soldat.

De la valeur et de la fermeté du peuple espagnol, il n'y a pas de raison pour en douter; quant
au général, nous ignorons encore le nom et les

qualités de celui qui prendra le commandement en
chef des forces, même si nous le connaissions,
nous nous garderions bien d'émettre notre opinion
à son sujet. Traitant d'une entreprise aussi importante, est-il permis de nier ou d'accorder des conditions essentielles pour la conduire à tel ou tel
officier général (1)?

En résumé, le public ferait preuve de sagesse et
de dignité en conservant le même sang-froid qui
doit animer les valeureux soldats qui entreprennent
la laborieuse tâche d'une série de campagnes dans
le Maroc.

(1) Lorsque cette brochure a été écrite, aucune désignation
n'avait eu lieu. On ne savait même pas, à Madrid, que les
O'Donnell, les Prim, les Ros de Olano, les Echague, ces gloires
de l'armée espagnole, feraient partie de l'expédition projetée.

CHAPITRE V.

Lignes stratégiques.

La topographie d'un pays détermine ses points vulnérables pour arriver au centre de ses forces.

Ces lignes naturelles sont inséparables du mouvement que, dans un cas exceptionnel, un général habile peut donner à ses troupes.

Nous avertirons pourtant que nos appréciations ne sont ni un précepte ni même un conseil. Elles doivent être considérées seulement comme un éclaircissement, un simple point de vue que nous soumettons au jugement élevé de celui qui, avec l'obligation de ne pas se tromper, assumera sur lui la responsabilité de la guerre.

Nous commencerons par faire observer qu'à l'aide des ressources maritimes que nous donnent les progrès du siècle, et spécialement l'application de la vapeur à la marine, on peut établir une solide et importante base d'opérations sur n'importe quel point du littoral, à la condition qu'il offrira un abri aux navires.

Par conséquent, le choix d'un débarquement n'est pas circonscrit sur tel ou tel point; il est permis de l'opérer suivant les besoins et la facilité de l'armée d'invasion.

Tout autre projet que celui d'en finir avec l'empire du Maroc, et d'augmenter par cette partie de l'Afrique le nombre des provinces espagnoles, nous paraîtra mesquin et de transition. Il ne résoudrait pas la question et ne satisferait ni les aspirations patriotiques ni les intérêts du commerce.

Admettons donc que le gouvernement espagnol ne soit retenu par aucun obstacle légitime, et venons au fait dont ce chapitre est le sujet.

Quelle est la ligne la plus stratégique pour anéantir l'empire du Maroc?

Au point de vue politique et militaire, c'est la vallée du Tensift;

Au point de vue des approvisionnements de l'armée, encore la vallée du Tensift;

Au point de vue hygiénique, toujours la vallée du Tensift.

C'est incontestablement le meilleur point d'attaque, conservant tous les avantages aux armes espagnoles, et celui qui avance de beaucoup la possession du pays.

Nous signalerons certains faits qui confirment notre appréciation.

Au point de vue militaire, il est à observer que, pour agir dans cette vallée, Mogador devient la bases des opérations. Son port est en bon état, et renferme une nombreuse population susceptible de se défendre sérieusement.

En outre, Mogador se donne la main avec les îles Canaries, et c'est la ville la plus commerçante de l'empire. Le pays qui, de ce port à Maroc, est ouvert, est abondant, et le chemin le plus court depuis la côte réunit tous les avantages désirables.

Au point de vue politique, et quand même les Marocains n'attacheraient pas à la capitale la même importance que les Européens, il n'est pas douteux que, pour produire un effet sur le caractère impressionable des tribus, le coup magistral serait d'abattre et de dominer Maroc, dût-on l'abandonner après s'en être emparé. Quant à la résistance que peut offrir une telle population de cinquante mille âmes, le calcul est facile à faire. Le point essentiel est de ne pas toujours conduire les soldats à travers des déserts.

Cette zone est voisine de la province de Sus, très-fertile, et aux abords de laquelle se maintiennent de puissantes tribus, vivant indépendantes face à face avec le sultan.

Au point de vue des approvisionnements de l'armée, on doit tenir compte des avantages qui sont offerts par ce pays, le plus peuplé et le plus abondant de tout l'empire.

On peut ajouter en outre la facilité d'une attaque sur le royaume de Fez, qui devient par là plus accessible que par le Riff, murailles naturelles op-, posées par la nature aux efforts d'une armée envahissante.

La vallée du *Subu* pourrait également servir d'élément à une ligne stratégique, qui, traversant l'Atlas par *Teza*, se réunirait au *Mulvia*, qui se jette dans la Méditerranée.

Par cette ligne, la campagne serait plus *embrouillée* et offrirait beaucoup moins de résultats. Le pays montagneux est très-favorable à la défense des Kabyles, et les Espagnols ne pourraient s'appuyer ni sur la base des opérations ni sur le voisinage des Canaries.

La vallée du *Luccos* n'a pas d'importance stratégique, à moins que l'Espagne ne borne ses prétentions qu'à la possession d'une province maritime dont Ceuta ou Tanger serait la capitale.

La vallée du *Mulvia* par elle-même est un excellent territoire ; parallèle à la frontière occidentale
de l'Algérie, elle court du Sud au Nord vers la
Méditerranée. Sa conquête, en mettant les Espagnols en contact avec les Français, serait une occasion de plus pour compléter les relations entre la
France et l'Espagne.

Nous n'avions pas l'intention de développer
comme nous l'avons fait ce chapitre, mais nous
n'avons pu nous résoudre à passer sous silence les
considérations qui précèdent.

En jetant les yeux sur une carte même incor-
recte de l'Empire du Maroc, le lecteur pourra ai-
sément faire justice de nos appréciations.

Dans un autre chapitre, nous avons borné la
division géographique de l'empire du Maroc par la
situation des hautes montagnes qui le traversent.
De cette division on peut déduire que le littoral appartenant à l'Espagne, et qu'il lui importe de con-
quérir pour réaliser l'œuvre de civilisation, c'est
le littoral de l'Océan; chemin le plus court pour
absorber et annuler les turbulentes populations

Del-Er-Riff, ou petit Atlas, qui seraient ainsi resserrées entre les baïonnettes des colonnes mobiles et les batteries des *presidios*.

Si aujourd'hui nos patriotiques aspirations ne peuvent se réaliser, nous avons la ferme confiance qu'elles se réaliseront dans un temps plus ou moins éloigné.

La logique des mouvements des peuples est aussi infaillible que celle des mathématiques.

CONCLUSION

A la fin de notre opuscule, il nous convient de résumer en peu de mots quelques-unes de nos appréciations, en signalant légèrement le jeux diplomatique qui peut s'établir relativement à la question du Maroc.

Aujourd'hui, comme au temps des rois catholiques, après la conquête de Grenade, l'Espagne a dû demander à l'Afrique des relations humaines, commerciales et civilisatrices réclamées par la sécurité de l'Europe entière.

Comme la raison qui guide l'Espagne est contre l'ignorance et la piraterie, son droit de propre défense est aussi fort qu'elle doit être grande dans sa tolérance.

Les appréciations statistiques, géographiques et militaires que le lecteur a pu juger dans le courant de ce livre, tendent à établir la situation de la question, en fixant l'attention sur les détails qui intéressent le peuple espagnol. Sur ce point seulement devions-nous être exacts et vrais, même en présentant un travail incomplet.

Notre point de vue diplomatique est que la question appartient seule à l'Espagne, et qu'aucune puissance au monde, [sinon elle, ne doit la résoudre. Si ses bonnes relations avec [la Hollande, la Prusse, ou toute autre nation amie, lui font un devoir de la porter à leur connaissance, elle ne leur doit cette attention que dans une juste mesure et avec la même urbanité qui aura été observée envers elle dans d'autres questions internationales comme la question de la Chine, par exemple. Autrement, il n'y a pas d'autres raisons pour qu'elle se croit obligée de rendre compte de ses opérations.

Ici le droit d'immixtion n'appartient pas plus aux puissances de premier ordre qu'à celles qui se qualifient de second ordre. — Pour ce qui concerne l'Espagne, nous repoussons cette humiliante distinction.

L'empereur du Maroc observe-t-il le droit des gens?

Est-il protégé par les traités internationaux?

La réponse appartient à ceux qui ont fait naufrage sur ses côtes, aux Européens établis dans ses Etats, et aux ridicules démonstrations hostiles contre les *presidios* espagnols.

Si l'on veut prétendre qu'il n'est pas responsable des pirateries des *Riffeños* et des tribus nomades, nous répliquerons que, pour arriver au Riff, et pour assurer les côtes, il faut tourner Maroc. C'est un chemin nécessaire pour réaliser le but, et agir autrement ce serait tout comme si l'on voulait *conserver une poignée d'eau dans la main.*

La logique des diplomates est singulière.

Admettons que les deux sentinelles, l'une française, l'autre espagnole, placées aux extrémités du pont de Béhobie croisent les armes, et que chacun des deux pays accoure au secours de la sienne: les Espagnols auraient-ils plutôt le droit d'arriver,

8

s'ils le pouvaient, de triomphe en triomphe de Bayonne jusqu'à Paris que le droit de débarquer au Havre?

L'agonie de nombreux captifs espagnols qui ont gémi dans les cachots pendant tant de siècles, les côtes de l'Espagne saccagées, son commerce du Levant interrompu, et, au-dessus de tout cela, les tentatives d'attaques renouvelées contre Ceuta et Melilla, autorisent à tout, jusqu'à faire la guerre avec la même rigueur que les Anglais ont déployée dans les Indes.

Vis-à-vis de la France et de l'Angleterre, le gouvernement espagnol ne peut avoir autrement posé la question, et nous ne doutons pas qu'il ne soit sorti de l'impasse avec la dignité qui lui convient.

Ne serait-t-il pas outrageant de supposer une autre attitude à un ministère présidé par un général qui a fait ses preuves sur les champs de bataille?

Dans les moments solennels, l'écrivain comme le soldat se doit toujours à la patrie avec une entière abnégation. Si le soldat doit faire preuve de bravoure, l'écrivain doit faire preuve d'impartialité.

Que peut craindre des autres nations un peuple

valeureux qui, pouvant montrer sa force, se con-
tient dans les limites du juste? Quand même il
serait combattu par les gouvernements, il serait
applaudi par les peuples.

De ces deux alliances, laquelle vaut le mieux?
C'est un secret que l'avenir nous garde.

APPENDICE

Nous compléterons cet opuscule par la repro-
duction de quelques passages d'un livre publié par
un Anglais, M. J. Drummond-Hay, sous le titre de:
Le Maroc et les tribus nomades, et dont la traduction inédite espagnole est de Don Miguel Gutdler
y Maroto, capitaine du régiment de chasseurs
d'Alcantara, et l'un des valeureux officiers de
l'armée castillane, qui sont en ce moment en
Afrique.

M. Drummond-Hay a habité plusieurs années le
Maroc en qualité de représentant du gouvernement anglais. Aussi ses narrations sont-elles
empreinte d'une certaine couleur locale.

Quoique ces narrations semblent s'écarter com-
plètement du sujet sérieux de cette brochure, l'auteur a cru devoir leur donner place, comme simple
exposé des mœurs et coutumes barbares des Marocains. A ce point de vue, nous nous associons à
sa pensée et traduisons d'après lui les extraits suivants du livre de M. Drummond-Hay.

Ch. L.

———

UNE EXÉCUTION CAPITALE.

Malgré les lois tyranniques du pays et le despotisme de l'empereur, la peine capitale est rarement appliquée dans l'empire du Maroc. Pendant les dix années de mon séjour, il n'y eut que trois exécutions à Tanger, et je fus involontairement témoin de l'une d'elles.

Je m'étais levé à la pointe du jour, et, accompagné d'un de mes amis, je me dirigeais vers le dehors de la ville, ignorant ce qui s'y préparait, avec l'intention d'aller tirer quelques oiseaux.

Lorsque nous arrivâmes à la porte principale, nous la trouvâmes fermée; ce qui nous surprit d'autant mieux que nous connaissions les habitudes matinales du vieux concierge, Ben-Khager. Nous fûmes alors à la porte du château Bab-Marsehan qui était également fermée : Ben-Khager y retenait plusieurs individus qui, comme nous, désiraient sortir de la ville.

— Pourquoi vous êtes-vous tant attardé aujourd'hui? demandais-je au vieux portier.

Il me répondit dans un langage énigmatique qu'il avait reçu l'ordre de ne laisser sortir aucun musulman avant une demi-heure.

— Assurément, lui dis-je, vos instructions ne nous concernent pas. S'il s'est commis quelque vol dans la ville, ce qui est le seul motif auquel puisse s'attribuer cette mesure extraordinaire, nous n'avons rien à y voir.

— Eh bien, fit le concierge dans la main duquel je venais de mettre le passeport universel (une pièce d'argent), vous et votre ami vous pouvez passer, mais aucun Maure ne sortira.

Ne pouvant nous expliquer une telle consigne, nous mîmes à profit la permission qui nous était concédée.

A peine fûmes-nous hors des portes, notre attention fut attirée par un groupe de soldats qui s'acheminaient lentement vers les fossés de la partie du sud-ouest de la muraille. Nous nous approchâmes et nous vîmes qu'ils escortaient deux prisonniers, ayant le corps et les bras liés à l'aide de cordes.

Je reconnus un de ces malheureux pour être un montagnard de la province du Riff, qui avait été attaché dans la maison d'un de mes amis en qualité de jardinier. C'était un beau jeune homme dont la physionomie franche n'annonçait aucune mauvaise intention.

Je demandai au chef de l'escorte quelle était la nature du délit pour lequel ils allaient être châtiés :

— Le Sultan (que Dieu garde ses jours) a ordonné qu'on leur coupe la tête, répondit-il. Ce sont des contrebandiers qui font le commerce des bêtes sur la côte du Riff avec les infidèles espagnols.

— C'est un châtiment très-sévère pour un semblable délit, lui dis-je; et si l'on veut que leur supplice serve d'exemple, pourquoi empêche-t-on les habitants de Tanger d'en être témoins?

— Ne me faites aucune observation, nazaréen, répliqua le chef; j'ai mes ordres et je dois les exécuter...

Un endroit ouvert avait été choisi pour le lieu de l'exécution. Un Maure de mauvaise figure, vêtu comme un boucher, attendait les criminels; il tenait à la main un couteau large de six pouces : c'est le bourreau, nous dit-on.

Cet homme n'était pas un naturel de la ville; il s'était proposé pour cette terrible exécution, les bouchers mahométans de Tanger, qui sont ordinairement requis pour cet office en l'absence du bourreau, s'étant réfugiés dans le sanctuaire de Mesmondi.

Si ce Maure n'eût pas offert ses services, les autorités n'eussent pu accomplir les ordres du Sultan, bien que le principal commandant des troupes, informé par le gouverneur de la difficulté qui se présentait, se fût écrié en brandissant son sabre :

— Que l'on m'amène les coupables, et on me trouvera disposé à exécuter les ordres, quels qu'ils soient, du prince des Croyants.

Une curiosité extraordinaire m'enchaînait à cette place, sans que je pusse prévoir que nous allions assister à une scène terrible.

Une altercation s'éleva entre les soldats du caïd et l'exécuteur, à propos de la récompense promise à ce dernier pour décapiter les deux malheureux qui, debout devant leur bourreau, assistaient à la mise à prix de leur sang.

Le boucher insistait pour avoir quatre dollars d'une seule tête, prix qui avait été, disait-il, convenu, et demandait encore quatre dollars pour couper l'autre. Bon gré, mal gré, le caïd dut consentir, et immédiatement la première victime déjà morte de terreur, fut étendue sur le sol par le bourreau qui, lui appuyant le genou sur la poitrine, lui enfonça son couteau dans la gorge.

Je me retournai avec horreur.

Une lutte violente commença, et j'entendis l'exécuteur dire aux soldats :

— Donnez-moi un autre couteau, le mien ne coupe pas bien.

Je regardai de nouveau. Le pauvre coupable, étendu avec une profonde blessure à la gorge, gémissait dans une épouvantable agonie et tordait convulsivement ses membres. Mon compagnon reprocha aux soldats leur sang-froid en présence d'une aussi cruelle boucherie, et leur dit de mettre un terme aux souffrances de ce malheureux. A la fin, l'un d'eux passa un autre couteau à l'exécuteur, et la tête fut séparée du tronc.

— Dieu protége notre seigneur et maître, cria la troupe. J'observai cependant que quelques soldats étaient comme nous terrifiés.

Je demeurai au même endroit, attendant la seconde victime. C'était le jeune homme que je connaissais; son sang donna lieu à un autre débat.

Le caïd déclara qu'il ne paierait les quatre dollars dus pour le premier qu'après l'exécution du second. Le bourreau dut accepter cette condition.

Le coupable demanda qu'on lui déliât les mains; dès qu'il les eut libres, il quitta son *gelab* et le donna au soldat qui avait coupé ses liens.

— Accepte ceci, lui dit il; nous nous reverrons dans un monde meilleur.

Il donna également son turban à un autre soldat qui, au lieu de s'unir aux insultantes clameurs de ses camarades, avait exprimé un mouvement de compassion.

Ensuite il marcha d'un pas ferme vers l'endroit où gisait le cadavre de son compagnon, et s'écria d'une voix claire :

— Il n'y a pas d'autre Dieu que Dieu, et Mahomet est son prophète.

Revenant vers le bourreau, il retira sa ceinture et la lui donna :

— Prenez, lui dit-il, mais pour l'amour de Dieu, coupez-moi la tête avec plus de promptitude que vous ne l'avez fait pour mon frère.

Il se coucha sur la terre tachée de sang, et l'assassin (le boucher méritait bien cette épithète) lui appliqua son genou sur la poitrine. Dans ce moment, on aperçut un cavalier qui galopait vers la troupe :

— Un courrier, arrêtez ! arrêtez ! s'écria mon ami. Et l'exécuteur s'arrêta.

— C'est le fils du gouverneur qui vient voir l'exécution, dit un soldat, attendez-le.

Moi, je quittais ce lieu épouvantable. Peu après, nous vîmes les soldats portant avec eux les deux têtes sanglantes. Ce spectacle nous avait retiré l'envie de continuer notre promenade et nous attendîmes, pour rentrer en ville, l'ouverture des portes. Les gens du caïd se querellaient avec le bourreau qui implorait leur protection contre la populace; les soldats demandèrent pour e défendre la somme de quatre dollars, moitié de son salaire. Le boucher refusa de les donner et fut abandonné à son malheureux sort.

A peine les portes furent-elles ouvertes, qu'une bande de gamins coururent vers ce misérable et l'attaquèrent à coups de pierres. Toujours poursuivi, il prit la fuite vers la campage et alla tomber sans connaissance et couvert de contusions à trois milles de distance.

En entrant à Tanger, les soldats s'emparèrent du premier juif qui se trouva sur leur passage et lui firent saler les deux têtes qui furent placées immédiatement sur une tour carrée de la muraille faisant face à la grande place du Marché.

Lorsque je revins chez moi, je rencontrai un *Riffeno* que je reconnus pour être cousin du malheureux jardinier. Il marchait d'un pas rapide et portait une paire de pistolets et une dague. Je lui demandai où il allait.

— Je vais venger mon parent, me répondit-il, et faire justice de ce maudit étranger qui s'est seul offert pour verser notre sang.

Le lendemain, j'appris que le boucher avait été tué d'un coup de pistolet et enterré sur le lieu même de l'exécution. Les autorités de Tanger ne s'émurent nullement de cette mort, car le Riffeno rentra chez lui et ne fut point inquiété.

Après trois jours d'exposition, les têtes furent envoyées au Sultan pour convaincre Sa Majesté Impériale de la prompte exécution de ses ordres. Ceux qui étaient chargés de cette mission rencontrèrent en chemin un courrier qui apportait la grâce des coupables et qui avait été retardé par l'accroissement des eaux d'une rivière dont le passage lui avait été impossible.

Dans une autre occasion, la peine capitale fut accompagnée de singulières circonstances.

Un Maure de Charf avait tué d'un coup de pistolet sur le chemin de Tanger, un de ses compatriotes qu'il soupçonnait d'entretenir des relations coupables avec sa femme. Le frère de l'homme assassiné se rendit de suite à Mequinez, résidence de l'empereur, et réclama la vie de l'assassin. L'empereur reconnut la justice de la demande, et faisant venir le solliciteur en sa présence, il formula cette étrange sentence :

— « Nous t'accordons la permission de retirer la vie à l'assassin de ton frère avec la même arme qui servit au crime, dans le même lieu et à la même heure. »

Et il ajouta aussitôt :

— Pourquoi t'obstines-tu à retirer la vie à un homme? Accepte le prix de son sang comme c'est la coutume parmi les vrais fidèles; je t'en garantis le paiement; et la quantité sera de deux cents mitzakels.

— Cet argent me rendra-t-il un frère? répondit l'offensé.

— Vas donc, dit l'empereur, je t'ai entendu et j'ai prononcé. Un ordre contenant notre sentence te sera donné par notre visir.

L'homme revint à Tanger avec la sentence de mort et la présenta au gouverneur.

Le même jour de la semaine, à la même heure, le

meurtrier fut conduit de la prison au lieu où il avait tué son compatriote, et la multitude se pressait pour le voir mourir à son tour.

Le pistolet fut donné au frère de l'homme assassiné. Il le chargea, marcha vers le criminel et tournant autour de lui :

— En présence de Dieu et des hommes, lui dit-il, je te conjure de me répondre sincèrement : est-ce toi qui a tué mon frère ?

— Je l'ai tué, répondit l'assassin.

Un homme sortit des rangs de la foule et s'approchant de l'offensé, il lui dit :

— Accepte le prix de son sang, et en outre je te promets cent ducats donnés de bonne volonté par ceux qui sont ici présents.

— Paroles vaines, répliqua le paysan et faisant encore une fois le tour de sa victime, il lui adressa la même question et reçut la même réponse. Une deuxième offre de deux cents ducats lui fut faite ; mais marchant toujours autour du coupable, il lui demanda pour la troisième fois s'il avait tué son frère, en ajoutant :

— Proclame à haute voix ta croyance, car je vais te prendre la vie. »

— Dieu est Dieu, et Mahomet est son prophète, repri l'autre.

Un coup de pistolet suivit ces paroles, la balle fut se loger dans l'épine dorsale, à la même place où avait été frappé celui dont la mort se vengeait. Le malheureux coupable, quoique gravement blessé, ne rendit le dernier soupir que deux ou trois heures après.

L'HORLOGE DE LA MOSQUÉE.

Moins tolérants que quelques-uns de leurs frères d'Orient, les Maures, défendent sous peine de mort, aux chrétiens et aux juifs l'entrée des mosquées et autres lieux consacrés par la loi du prophète, à moins que le délinquant consente à embrasser l'islamisme.

Un burlesque exemple de cette intolérance s'est présenté il y a quelques années à Tanger.

L'horloge de la *Jama Kebir*, grande mosquée de cette ville, avait son mécanisme en mauvais état et réclamait l'intelligence d'un ouvrier habile; mais parmi les *fidèles croyants* il ne se trouva aucune capacité qui put faire connaître quelle était la partie souffrante de la machine; pourtant les opinions émises solennellement et avec

9

grand frais de paroles ne firent point faute. Un docteur de la loi prétendit gravement, et entre autres choses, qu'un démon familier avait pris possession de l'horloge. On procéda alors à une multitude d'exorcismes qui paraissaient suffisants à tous les vrais croyants pour chasser une légion de diables, mais l'horloge persistait dans son état muet.

Un horloger chrétien, un maudit Nazaréen, était l'unique ressource. Par bonheur il s'en trouvait un à Tanger ; c'était un Genevois et un pieux catholique. Comment les fidèles serviteurs du Prophète pourraient-ils se servir de lui ? L'infortunée machine était placée dans le mur de la tour, on ne pouvait permettre à une plante-sacrilége de souiller la maison de Dieu.

Le maakkid (crieur de l'heure) fit part de la difficulté au cadi qui fut fort embarrassé, et qui après avoir réfléchi profondément, confessa son incapacité pour résoudre la question en proposant de la soumettre au kaïd.

Celui-ci, pénétré de la gravité du cas, réunit toutes les autorités et un grand nombre de propositions furent faites par les illustres membres du conseil.

Un d'eux proposa de laisser l'horloge comme elle était, un autre voulut qu'on étendit des planches sur le passage de l'horloger infidèle, afin qu'il ne put fouler le sol sacré ; mais la garantie ne paraissant pas suffisante, il fut décidé finalement que l'on retirerait le plancher sur lequel le chrétien aurait marché, et qu'une couleur blanche serait passée sur les murs qu'il aurait tachés de son ombre.

On fit appeler l'horloger, auquel on fit part du service qu'on attendait de son savoir-faire, en lui enjoignant d'ôter ses souliers et ses bas avant d'entrer dans a sainte *Jamaa*.

— Quant à cela, ne l'espérez pas, répliqua le chrétien, je ne retire ni mes souliers ni mes bas pour entrer dans la chapelle de la Vierge immaculée (et il se signa dévoment), et certes je ne le ferai pas en l'honneur de votre prophète.

Les musulmans maudirent intérieurement l'horloger et toute sa race, mais ils n'en furent pas plus avancés. Les ulémas se réunirent le lendemain matin; à midi ils n'avaient rien résolu, lorsqu'un sage à barbe grise, un muphti, qui jusqu'alors avait gardé le silence, demanda la parole, faveur que lui concédèrent le kaïd et le cadi.

— Si la mosquée réclamait des réparations, dit le vénérable iman, et qu'ils dussent transporter dans l'intérieur de la chaux, du mortier, des pierres ou des briques, ne feraient-ils pas usage d'un âne pour cela? Et qui pourrait obliger un âne de quitter ses sabots?

— C'est certain, firent les auditeurs.

— Eh bien! votre opinion est-elle qu'un âne croit qu'il n'y a d'autre Dieu que Dieu, et que Mahomet est son prophète?

— Incontestablement non.

— Alors, continua le sage vieillard, le chrétien, comme l'âne, auquel nous l'assimilons, peut conserver sa chaussure.

D'unanimes applaudissements accueillirent cet argument convaincant. Le chrétien entra dans le temple, répara l'horloge en sa qualité d'âne, mais non comme un âne, car, depuis ce temps, elle marque parfaitement l'heure, et la grande mosquée de Tanger a été préservée de nouveaux sacriléges.

LES ENCHANTEURS DE SERPENTS.

. . . . . Tandis que, pour passer le temps, nous nous promenions sur la place, nous rencontrâmes une troupe de *eïsowys,* ou enchanteurs de serpents. C'étaient quatre individus de la province de Sus; trois d'entre eux remplissaient les fonctions de musiciens, et avaient pour in-

struments de longs roseaux en forme de flûtes produisant des sons mélancoliques qu'ils prolongeaient d'une
manière assez harmonieuse. Nous les priâmes de nous
montrer leurs serpents; ils y consentirent de fort bonne
grâce, et, élevant leurs mains comme s'ils tenaient un
livre, ils murmurèrent une oraison au patron des enchanteurs, *Sidna Eiser*, que l'on ne doit pas confondre
avec *Sidna Aïsa*. Sous ce dernier nom, les Arabes dési-
gnent N. S. Jésus-Christ, qu'ils appellent aussi *Roh
Allah*, ou « le Souffle de Dieu. » Suivant eux, ce n'est
pas le même Jésus que les Juifs ont crucifié; mais bien
un homme fait à son image, et qui fut miraculeusement
substitué au Sauveur pendant que celui-ci montait aux
cieux. J'ai entendu dire qu'une loi du Maroc condamne
au bûcher tout mahométan convaincu d'avoir maudit le
nom de Sidna Aïsa. Les Maures vénèrent l'Ancien et le
Nouveau Testament; mais ils considèrent le Coran
comme supérieur à ces deux premiers livres, qui ne
contiennent, disent-ils, aucune vérité réelle, puisqu'ils
n'annoncent point la mission de Mahomet.

A peine les enchanteurs eurent-ils achevé leur invo-
cation, que le chef de la troupe commença à exécuter
une danse frénétique autour d'une corbeille de jonc contenant des reptiles, et qui était recouverte d'une peau de
chèvre. Tout à coup il s'arrêta, plongea son bras nu
dans la corbeille et retira un *cobra capello*, ou *haje*, reptile terrible qui peut enfler sa tête en séparant les écailles

qui la couvrent, et que l'on croit être, comme l'aspic de Cléopâtre, le serpent d'Égypte. (On le nomme *buska* dans le pays.)

L'enchanteur maure doublait et redoublait ce corps noir et verdâtre comme une légère mousseline, le rouait autour de sa tête en forme de turban, et, toujours en dansant, il obligeait le serpent d'obéir à sa volonté et de conserver toutes les positions qu'il lui plaisait de lui donner.

Le serpent ayant été placé sur le sol, se leva sur sa queue, posture que les reptiles prennent pour attaquer les voyageurs dans le désert, et commença par se balancer de droite à gauche en suivant la mesure de la musique.

Toujours en sautant et tournant plus rapidement autour de la corbeille, le jongleur y plongea de nouveau la main et en retira deux des reptiles les plus venimeux du désert de *Sus*, plus gros que le bras d'un homme, de deux à trois pieds de long, et dont les brillantes écailles sont tachetées de noir et de jaune. Leur morsure fait pénétrer dans les veines un feu brûlant qui consume ; c'est probablement le *torrida dipsas* des anciens. Les Arabes le nomment *el effah* et les Français *leffahs*.

Les deux *leffahs*, plus ardents et moins dociles que le *buska*, se maintenaient à demi pliés, la tête levée, disposés à l'attaque et suivant les mouvements du danseur.

Quant le moment leur parut favorable, ils s'élancèrent la gueule ouverte sur ce dernier avec une incroyable vivacité. Le jongleur, à l'aide de son long kaïk, parait les attaques dirigées contre ses jambes nues, et il semblait que les leffahs imprégnaient ce vêtement de leur venin.

L'Arabe, saisissant ensuite un des serpents par la nuque, invoqua à haute voix Sidna-Eiser, et, avec une baguette, sépara les élastiques et puissantes mâchoires de l'animal, pour montrer aux spectateurs stupéfaits ses dents mortelles, dans lesquelles se distillait une substance blanche et huilée.

Bientôt il présenta son bras au leffah, qui le mordit immédiatement. Il fit alors de grandes contorsions, appela l'aide de son saint patron, et nous parut éprouver une violente douleur.

Le reptile continua de mordre jusqu'à ce que, l'arrachant de son bras, l'homme nous fit voir le sang qui s'échappait de sa blessure. Il posa l'animal par terre, et approcha sa bouche de la plaie, qu'il resserra avec les dents ; alors il se mit à danser en suivant les vives mesures de la musique, et ne s'arrêta que lorsqu'il fut fatigué.

Persuadé que tout cela n'était qu'un jeu habile, et que déjà on avait pris la précaution d'extraire le venin du leffah, dont la morsure cessait, dans ce cas, d'être périlleuse je demandai l'autorisation de le toucehr.

— Es-tu *eïsowy* (enchanteur)? me demanda l'homme de Sus, ou bien as-tu une grande foi dans le pouvoir de notre saint patron?

— Ni l'un ni l'autre, répondis-je.

— Alors, continua-t-il, si le serpent te mord, ton heure a sonné. Qu'on m'apporte un poulet ou tout autre animal, et je t'en donnerai la preuve évidente.

On apporta un poulet, auquel on retira quelques plumes.

L'enchanteur le présenta au serpent, qui le mordit un instant. Ce fut assez.

Le pauvre poulet s'agita convulsivement sur le sol pendant l'espace d'une minute et cessa de vivre. Presqu'aussitôt sa chair prit une couleur azurée.

Il est inutile d'ajouter que je ne fus plus tenté du désir de jouer avec le leffah.

La seule explication que je puisse donner à la singulière prérogative de l'eïsowy, c'est qu'il doit avoir un moyen pour présenter son bras à la morsure du serpent, dents conet que la blessure n'est probablement pas faite par les tenant le venin.

Il peut se faire aussi que ces charlatans possèdent un contre-poison infaillible qu'ils appliquent adroitement sur la plaie pendant leur danse et leurs contorsions. .

. . . .

Dans mes expéditions de chasse, j'ai fréquemment

rencontré des individus de la secte des eïsowys, et je les ai vus toucher sans crainte et sans aucun accident les scorpions et toute espèce de reptile venimeux qui ne les mordaient que lorsque ces fanatiques les y excitaient.

Pendant mon séjour à Tanger, un jeune Maure voulut tourner en ridicule les prouesses d'un enchanteur de serpents, en les traitant de mensonge et d'illusion. Mis au défi par l'un d'eux qu'il ne toucherait pas l'un de ses reptiles, l'imprudent pénétra dans le cercle magique, et, mordu par un leffah, il expira en quelques minutes.

Sidna Eiser, patron des enchanteurs, vivait, dit-on, il y a deux siècles. C'était un savant qui prêchait l'unité de Dieu.

On raconte que, voyageant par le désert de Sus, il était suivi par une multitude enthousiaste, avide d'entendre les préceptes qui sortaient des lèvres du saint. Ce nombreux auditoire, qui venait de très-loin, eut faim et lui demanda du pain.

Le saint, perdant la patience, leur cria d'une voix irritée : *Koul sim!* malédiction arabe que l'on traduit par : « Mangez du poison! »

Les Arabes, prenant à la lettre les paroles de Sidna-Eiser, mangèrent, avec une foi sans limite, les reptiles qu'ils trouvèrent dans le désert, et se délivrèrent ainsi des angoisses de la faim.

Depuis lors, leurs descendants et ceux qui croient au

pouvoir de Sidna Eiser, peuvent manger sans crainte et sans courir le moindre risque les animaux les plus venimeux.

La secte de Sidna Eiser est nombreuse et répandue parmi tous les peuples barbares de l'Occident.

Les individus qui en font partie peuvent être assimilés aux *derviches* (moines) de l'Orient, et, comme eux, se réunissent à des jours fixes dans des maisons destinées à la célébration de leurs rites.

Leur danse furibonde, les violents mouvements qu'ils impriment à leur corps, les met dans un état d'étourdissement et de folie qu'ils attribuent à leur vénération pour leur patron Sidna.

Lorsque le vertige s'est complétement emparé de leur être, ils se croient transformés en bêtes sauvages, lions, tigres, oiseaux de proie, etc. , etc.

Alors, ils rugissent, hurlent, sifflent; en un mot, ils imitent la voix et les mouvements de l'animal qu'ils représentent, en s'attaquant les uns les autres.

Cet état de folie est également provoqué par l'usage d'une espèce de *hattchich*, qui se trouve dans tous les jardins et qui se cultive dans les plaines. Les Marocains l'emploient pour faire du fil.

Mais ce qu'ils apprécient particulièrement, ce sont les feuilles et surtout les fleurs et les graines de certaines plantes. Il suffit d'en fumer une pipe pour être privé pendant une demi-heure de la raison et de toute intelligence. Ces peuples barbares éprouvent un grande Volupté dans l'usage de ces poisons dangereux.

Dès que les eïsowys sont soumis à l'influence de ces excitants, plus violents que l'opium, ils parcourent les rues enchaînés deux à deux et précédés de leur *emka-dem*, ou chef à cheval, en poussant des cris épouvantables, en sautant comme des bêtes fauves; et si les spectateurs leur jettent un animal quel qu'il soit, à l'instant il est dévoré entièrement, tête, corps et entrailles.

Si ces malheureux parviennent à rompre leurs chaînes, ils se jettent sur les juifs et les chrétiens, les mordent et déchirent tout ce qu'ils peuvent atteindre.

On dit qu'ils prirent, il y a peu d'années, un jeune enfant israélite et qu'ils le mirent en pièces, mais je crois qu'une semblable atrocité est impossible, même dans le Maroc.

Je fus un jour attaqué par un de ces furieux, qui se sépara de sa troupe et se jeta sur moi. Heureusement j'avais eu la précaution de me munir d'un excellent gourdin, que j'appliquai vigoureusement sur son crâne nu, pour réveiller ses facultés rationnelles; aussi, m'abandonnant tout à coup, il courut dévorer dans une boutique voisine quelques plantes potagères.

Les Maures regardent cette secte de fanatiques d'une manière moins favorable que les Turcs.

Les derviches ont eu plusieurs fois pour affiliés des hommes notables de cette dernière race.

J'ai pensé plusieurs fois que ces rites, qui semblent être en opposition directe avec les lois du Prophète, doivent être les restes d'une religion ou croyance ancienne. La danse circulaire des derviches, entre autres choses, peut bien remonter au temps où l'on adorait le soleil; les mouvements des danseurs représentent parfaitement les révolutions des corps célestes.

UN DERNIER MOT

Dès le début de notre travail, notre intention était de nous borner à la traduction pure et simple des inspirations de M. Valdespino ; mais nous n'avons pu résister à la tentation de donner nos appréciations propres. Celles que nous avons essayé d'émettre dans notre avant-propos ne nous suffisant pas, nous compléterons notre tâche en jetant un coup-d'œil rétrospectif sur les événements qui surgirent en 1844 entre la France et le Maroc. Le lecteur reconnaîtra facilement qu'il y a quelques points de ressemblance entre la conduite du gouvernement français de cette époque et le gouvernement espagnol d'aujourd'hui, touchant la question des notes diplomatiques.

L'exposition qui va suivre, nous nous empressons de le déclarer, nous a été inspirée par les assertions prétentieuses de certains journaux anglais et même français, par les craintes de quelques champions exclusifs de la dignité espagnole, et par les arguments qu'a opposés à ces assertions et à ces craintes la politique rationnelle et patriotique des organes de la Péninsule, notamment le *Diario Español*, dans son numéro du 22 novembre 1859.

L'Europe a pu juger des attaques dirigées contre le ministère d'Isabelle II, depuis que la question du Maroc a pris les proportions actuelles. Malgré, ou peut-être à cause de leur violence, ces attaques n'ont pu arrêter la marche des événements, et, puissamment secondée par ses hommes d'Etat, la nation espagnole que l'on voulait maintenir dans une honteuse inaction, dont on voulait borner la gloire, s'est réveillée d'un sommeil trop long sans doute, mais qu'elle ne reprendra que lorsqu'elle aura reconquis complétement le rang qui lui convient parmi les grandes nations civilisées.

On a reproché et on reproche encore au gouvernement espagnol d'agir de son propre mouvement dans l'affaire marocaine. On l'a accusé d'empiéter

sur le droit des gens et sur le droit des nations ;
enfin, on exige un compte-rendu exact de ses intentions tout comme s'il était question de censurer
les actes d'une petite principauté soumise à la protection d'une grande puissance.

L'Espagne vaincue par elle-même, courbée sous
le poids de ses propres fautes, a pu s'affaisser un
instant, mais elle n'est jamais tombée. La nation
d'Isabelle II est toujours la nation de Ferdinand et
d'Isabelle la Catholique.

Que voulait-on qu'elle fît en présence de cette
guerre qui depuis longtemps lui appartenait et qui
devenait inévitable ?

Suivant nous, son gouvernement, tout en réali-
sant les vœux de la nation , a satisfait toutes les
exigences, n'a blessé aucune susceptibilité.

En 1844, le gouvernement de la France s'est
trouvé dans le même cas, et il résulte de l'exposition des faits que, sans humiliation comme sans
manquer aux convenances, on peut , lorsque les
ntérêts des nations alliées et amies le réclament,
donner à ces nation des explicat ions purement né

cessaires et mettre à leurs prétentions une limite
plus grande que ne l'a fait le ministère espagnol dans
les circonstances présentes.

Lorsque l'émir Abd-el-Kader, poursuivi par
notre valeureuse armée, chercha un asile dans l'em
pire du Maroc, il ne renonça pas à ses plans hos
tiles contre le pouvoir de la France. Mettant à profit
son prestige sur l'esprit des populations, et appuyé
secrètement par l'empereur Abd-el-Rhaman, il obtint, à force d'intrigues et en excitant le fanatisme
religieux, qu'un corps de cavalerie marocaine fran-
chirait la frontière et attaquerait, sans déclaration
de guerre préalable, des forces françaises infé-
rieures sous les ordres du général Lamoricière. Le
maréchal Bugeaud, commandant en chef l'armée
d'Algérie, donna, dans cette occasion, une preuve
de la modération de son caractère, et, au lieu de
châtier le procédé condamnable des Marocains, il
exigea des explications, demanda et obtint pour le
général Bedeau une entrevue avec le caïd El-
Ghennaoui, chef des milices regulières qui formaient
le corps d'observation de la frontière.

Cette circonstance servit à mettre davantage en
relief la déloyauté des Arabes.

Pendant que l'entrevue avait lieu , les bataillons français qui avaient accompagné le général et qui se tenaient à une distance considérable, furent attaqués par plus de cinq mille fanatiques qui , après un combat sanglant , durent se résigner à prendre la fuite.

En vue de ces faits, le gouvernement de juillet fut convaincu qu'il était absolument indispensable d'adopter une résolution énergique pour mettre une fin à la conduite déloyale et traîtresse des Marocains. Mais, désireux d'employer le moyen des négociations avant d'avoir recours à une extrémité décisive, il autorisa à cet effet M. de Nion, consul à Tanger, qui reçut les instructions les plus paci_ fiques, ainsi que le prince de Joinville, commandant l'escadre d'opérations, le cas échéant, sur la côte du Maroc.

Les bonnes intentions de la France n'eurent pas le résultat qu'on espérait, et il fallut recourir à la force. La bataille de l'Isly, la prise de Mogador et le bombardement de Tanger, démontrèrent aux Africains qu'on ne joue pas impunément avec la bonne loi, l'honneur et le droit d'une nation civilisée.

10

Les dispositions militaires, notamment les armements maritimes de la France avant d'entrer en
campagne, fixèrent vivement l'attention de l'Angleterre dont l'importance des intérêts sur la Méditerranée est trop grande et trop notoire pour qu'elle
ne voie pas sans une certaine inquiétude qui ne
surprend personne, les eaux, côtes et îles de cette
mer devenir le centre de projets aux entreprises
belliqueuses de la part de quelque puissance maritime. Le gouvernement de la reine Victoria demanda des *explications* au gouvernement du roi
Louis-Philippe; il les eut larges, complètes et satis-
faisantes. Ainsi le déclara au parlement anglais
sir Robert Peel, en ajoutant que le cabinet français
avait poussé la condescendance jusqu'au point de
communiquer non-seulement les instructions qui
avaient été données à M. de Nion, mais encore
celles qu'avait reçu le prince de Joinville lui-
même.

Ces révélations ne manquèrent pas de fournir un
thème à l'opposition en France. La spéculation politique exploita la mine toujours inépuisable de
l'orgueil national. M. Guizot fut l'objet des attaques
acerbes de la presse et de sérieuses interpellations
dans les deux chambres. Mais la raison, dans ce

cas comme dans tous, finit par triompher. M. Guizot reconnut franchement le droit qu'avait l'Angleterre de demander des explications sur une entreprise qui pouvait porter atteinte à ses intérêts, et le devoir de la France de faire disparaître les soupçons d'une nation unie à la nôtre par des liens étroits d'amitié et d'alliance.

Des déclarations de M. Guizot et des instructtons diplomatiques et militaires communiquées au consul et au commandant de l'escadre, il résultait que le gouvernement français, avant et après la guerre, promettait de ne s'emparer d'aucune portion du territoire marocain, demandant seulement une réparation des outrages qu'il avait reçus, la garantie qu'ils ne se renouvelleraient plus, le châtiment des agressions, l'internation d'Abd-el-Kader, et la solution de la question des limites pendante entre l'Algérie et la France depuis avant la conquête.

Le prince de Joinville reçut l'ordre de ne pas attaquer Tanger, ou, dans le cas d'un bombardement obligé, de se borner à détruire les fortifications *extérieures*; il devait, en outre, se maintenir dans les meilleures relations avec le gouvernement de Gibraltar, et, pendant son séjour dans cette place, user, devant les personnes qui auraient l'honneur d'être admises en sa présence, d'un langage ferme, mais révélant les intentions modérées et pacifiques de la France.

La France accomplit largement ses promesses, comme l'attestent les clauses du traité conclu le 13 septembre 1844. Elle n'obtint et ne prétendit avoir d'autres concessions que celles qu'elle réclamait justement, après avoir été attaquée d'une manière aussi inique qu'inespérée. L'évacuation de Mogador s'effectua bien avant l'époque stipulée par le traité. Elle renonça à tous dédommagements pécuniaires en faveur des sujets français, qui avaient été éprouvé, soit par la guerre, soit par les actes du gouvernement marocain avant l'ouverture des hostilités ; et quant aux frais de la guerre, on ne pensa même pas de les faire supporter aux vaincus, car, comme on le disait alors et comme on le dit encore : » *La France était assez riche pour payer sa gloire.* »

Nous allions omettre une circonstance qui pourtant ne manque pas d'un certain intérêt dans cette brochure. Au milieu d'une des discussions qui furent soulevées à propos de la guerre du Maroc, on demanda au chef du cabinet français si, commençant la lutte, il pouvait compter sur la coopération de l'Espagne : « La France, répondit-il, n'a besoin d'aucun aide étranger ; ses seules ressources lui suffisent pour se faire respecter, venger les insultes qui sont faites à son pavillon et faire triompher son bon droit.

D'après ce qui précède, on voit qu'il y a de notables points de comparaison entre la situation de la France en 1844 et celle de l'Espagne en 1859.

En 1844, la France s'engagea, et tint loyalement sa parole, de n'occuper aucune portion du territoire marocain.

En 1859, l'Espagne déclare la guerre au Maroc parce que, entre autres raisons, le sultan s'est refusé d'accorder une importante cession de terrain qu'elle lui avait demandée.

En 1844, la France respecta la susceptibilité anglaise au point, non-seulement de ne pas occuper Tanger même temporairement, mais encore de ne pas l'attaquer, et, dans le cas d'un bombardement, de limiter la destruction aux fortifications intérieures.

En 1859, l'Espagne consent de n'occuper sur
la côte du Maroc aucun point qui puisse lui donner
une supériorité dangereuse pour la libre navigation
de la Méditerranée.

En 1844, la France, qui avait pour elle le bon
droit et les moyens suffisants pour le faire respecter,
exposa ses intentions, ne demanda aucune portion
du territoire, ne réclama aucune indemnité de
guerre, et, après une glorieuse campagne et une
brillante expédition maritime, elle se borna à sti-
puler les conditions purement indispensables pour
sauvegarder sa dignité, pourvoir à la défense de
ses frontières et à la sécurité de ses possessions.

En 1844, l'Angleterre demanda des explications, et la France ne crut pas s'humilier en les
donnant d'une manière franche et complète.

L'Angleterre, en 1859, ne se contente-t-elle pas
des explications que l'Espagne lui a données, et
cette dernière nation serait-elle plus humiliée que
la France de 1844, après cette marque de condes-
dance politique et nécessaire entre puissances alliées ?

Nous ne pouvons le penser, et nous avons une

trop haute opinion des hommes d'Etat de la Grande-Bretagne et de ceux de la Péninsule pour ne pas être convaincus qu'ils sauront éviter toute complication désastreuse à propos d'une question à juste titre essentiellement espagnole, mais dont la solution est réclamée par l'Europe entière.

Le Maroc n'a pas voulu rester sous le coup des graves accusations portées contre lui en Espagne, et il proteste à la face de l'Europe de ses bonnes intentions et de son innocence. C'est joindre l'hypocrisie à l'outrage, s'écrie la *Patrie*, en rappelant cette pièce. Mahomed-el-Katir n'oppose aux faits accomplis que des dénégations tortueuses ou de faibles explications qui sont un témoignage de plus en faveur de l'Espagne, et une preuve que le gouvernement espagnol a été patient, tant que la patience a été compatible avec l'honneur :

MANIFESTE DE L'EMPEREUR DU MAROC.

Gloire et louanges au Tout-Puissant !

Aux représentants des puissances étrangères résidant à Tanger. (Je passe les compliments d'usage.)

Les relations entre nous et les Espagnols sont rompues. Je crois de mon devoir de vous faire l'exposé exact de tout ce qui s'est passé entre nous et le représentant espagnol, et, à cet effet, je joins à cette communication cinq copies d'autant de lettres que nous a adressées ledit représentant, ainsi que la copie des quatre réponses que nous avons faites. C'est toute la correspondance échangée entre nous depuis le jour où les Arabes d'Aujera détruisirent les pieux plantés pour marquer les limites, et cela, sans notre ordre et en opposition formelle avec notre volonté et nos désirs.

Par cette correspondance, vous pourrez exactement apprécier la conduite du sultan, notre maître; savoir s'il a agi, dans ces négociations, d'une façon régulière et amicale, ou si le gouvernement espagnol a manifesté, dès le principe, un vif désir de trouver un prétexte pour nous déclarer la guerre.

Vous savez que lorsque la tribu d'Aujera commit le fait que nous avons mentionné, le sultan Muley-Abd-er-Rhaman, notre maître, mourut; nous n'avions pas, à cette époque, les pouvoirs nécessaires pour adopter aucune mesure et régler cette affaire. Il ne nous fut possible de nous en occuper que lorsque nous fûmes confirmé dans notre poste par le sultan Sidi-Mohamed, notre maître, que Dieu vient d'élever au trône.

Le gouvernement espagnol, en présence des événements qui venaient de surgir dans l'empire, fixa d'abord un délai qui expirait le 5 octobre; ce délai fut ensuite ajourné au 15 du même mois. Avant notre nomination, nous avions fait tout ce qu'il était en notre pouvoir de faire pour que le peuple d'Aujera s'abstînt de tout désordre.

Vous observerez que le chargé d'affaires d'Espagne demanda, dans sa première lettre, que des édifices pussent être construits dans le camp de Ceuta. Dans les antiques stipulations et dans celle de 1845, il est fait mention du camp et d'un terrain pour pâturage appartenant aux Espagnols; mais M. Blanco, dans sa lettre, ne parle absolument que du camp.

Le sultan, notre maître, dans sa haute sagesse et inspiré par le désir sincère d'entretenir des relations

amicales, nous ordonna daccepter la demande faite, et
consentit à ce que les Espagnols construisissent des fortifications dans l'enceinte du camp. Nous reçûmes cet
ordre avant le 5 octobre, délai fixé par le premier ulti-
matum.

Après cela, ainsi que vous le verrez par sa lettre, le
chargé d'affaires d'Espagne formula une nouvelle prétention : il demanda qu'il fût permis d'élever des fortifications sur les terrains que nous avions concédés en
1845, terrains exclusivement destinés aux pâturages des
troupeaux. Cette nouvelle exigence était contraire à ce
que M. Blanco nous avait formellement promis, ce dont
nous avons les preuves. Néanmoins, il recevait, dès le
11 octobre, une satisfaction complète à cet égard. Le
15 octobre, nouvelle prétention : le représentant espagnol fit la demande des hauteurs nécessaires pour la
défense de là place de Ceuta, et si vous lisez avec attention sa lettre du 5 de ce mois, vous verrez qu'il déclare par deux fois qu'il demande seulement l'autorisation de faire construire des fortifications dans l'enceinte
des lignes limitrophes.

Nous ne considérâmes pas, cependant, la façon tor-
tueuse par laquelle il cherchait à explique ses paroles ;
nous ne cherchâmes pas à savoir s'il avait raison ou non;
nous lui accordâmes ce qu'il demandait, dans l'intelligence que ces hauteurs étaient nécessaires à la défense
et à l'agrandissement du territoire de la ville, et parce
que, dans une conversation particulière, il nous
avait assuré qu'elles étaient rapprochées et non point à
une grande distance de Ceuta. Il accepta nos explications, et il revint ici dans la nuit du 16 de ce mois.

Autre prétention : cette fois il demandait la possession d'un vaste territoire compris entre la vallée de Gibel Moma jusqu'à Ceuta. A cette prétention, nous répondîmes que nous ne pouvions donner une réponse précise sans prendre l'avis du sultan notre maître. Les relations cessèrent entre nous dès ce moment, et on nous parle de guerre.

En attendant, je vous supplie d'envoyer les documents ci-joints à votre gouvernement, lui faisant savoir qu'au nom du sultan notre maître nous protestons contre le gouvernement espagnol, parce que par trois fois il n'a tenu aucun compte de sa parole et de ses engagements, et qu'il nous a déclaré la guerre sans motif légitime.

Nous avons été vivement surpris d'apprendre que les journaux, s'occupant de cette affaire, assurent que les populations d'Aujera insultent chaque jour la place de Ceuta.

Vous savez très-bien que, durant l'espace de quinze jours, il n'y a eu de leur part aucune agression contre cette place, jusqu'au jour où son gouverneur voulut faire élever des fortifications sur un terrain n'appartenant point à l'Espagne.

Nous vous supplions donc de vouloir bien transmettre à votre gouvernement le récit fidèle de tout ce qui s'est passé à cet égard.

Vous connaissez à fond la conduite tenue par les habitants de toutes les villes de l'empire, désireux de vivre en paix avec toutes les nations.

A la mort du dernier sultan, et lorsqu'il surgit sur divers points des symptômes de désordre et d'insubordination, nul ne fut insulté ni maltraité.

A Mazagran, la population lutta avec ardeur contre des gens de la campagne pour la défense des Européens.

Je désire que vous fassiez connaître ces détails à votre
gouvernement, le priant de n'accorder aucune foi au
langage de ceux qui ne connaissent pas ce pays ou qui
n'ont aucune sympathie pour sa population et pour son
gouvernement.

Notre désir est d'entretenir les relations les plus amicales avec toutes les nations; mais nous renouvelons
notre protestation contre la conduite injuste de la nation
espagnole, qui ne sait point se fixer sur ce qu'elle demande ni respecter ses promesses.

Nous en appelons à Dieu tout-puissant et aux grands
et puissants gouvernements de l'Europe et de l'Améri-
que; nous en appelons à tous les hommes qui suivent
dans ce monde la voie de la justice, et qui jugent les
droits des autres hommes sans avoir recours à la force.
Nous mettons notre confiance en Dieu, le suppliant de
nous regarder d'un œil favorable.

Nous attendrons avec calme les événements, et nous
agirons de façon à ce que nul ne puisse rien nous repro-
cher. Tout le mal viendra de nos ennemis.

Que la paix soit avec vous!
25 octobre 1859.

MOHAMED-EL-KATIB.

TABLE DES MATIÈRES.

PREMIÈRE PARTIE. — LA QUESTION DU MAROC.
CHAPITRE PREMIER. — Est-ce une question natio-
nale? Est-ce une question européenne?   17
CHAP. II. — Quelle doit être l'attitude de l'Espagne
dans cette question.   29
CHAP. III. — Considérations sur l'organisation de
l'armée espagnole.   39
CHAP. IV. — L'Angleterre.   54
CHAP. V. — La France.   59

SECONDE PARTIE. — LES MAROCAINS.

CHAPITRE PREMIER. — Organisation politique et mi-
litaire de l'empire du Maroc.   67
CHAP. II. — Situation géographique.   77
CHAP. III. — Mœurs, coutume et civilisation.   85
CHAP. IV. — Observations militaires en cas de
guerre.   95
CHAP. V. — Lignes stratégiques.   105
CONCLUSION.   111

APPENDICE.

Une exécution capitale.   120
L'horloge de la mosquée.   129
Les enchanteurs de serpents.   152
Un dernier mot.   141
Manifeste de l'empereur du Maroc.   129

Paris. — Typ. L. Guérin et Cᵉ, r. du Petit-Carreau, 26.

BIBLIOTHEQUE NATIONALE DE FRANCE

3 7531 03972180 9

www.ingramcontent.com/pod-product-compliance
Lightning Source LLC
Chambersburg PA
CBHW052059090426
42739CB00010B/2245